Knaus

K

Lars Saabye Christensen

Der eifersüchtige Friseur

und andere Helden

Aus dem Norwegischen von
Christel Hildebrandt

Albrecht Knaus

Die Originalausgabe erschien 1997 unter dem Titel
«Den misunnelige Frisøren» bei J. W. Cappelens Forlag, Oslo

Umwelthinweis:
Dieses Buch und sein Schutzumschlag wurden auf chlorfrei gebleichtem Papier gedruckt. Die vor Verschmutzung schützende Einschrumpffolie ist aus umweltschonender und recyclingfähiger PE-Folie.

1. Auflage

Satz: Filmsatz Schröter, München
Gesetzt aus 11.1/14 pt. Caslon
Printed in Germany · Presse-Druck, Augsburg
ISBN 3-8135-0108-6

I want you to stand still,
suitcase, till I find my clothes

UNCLE BUD WALKER

Inhalt

Der eifersüchtige Friseur

Seit Jahren hatte sich Bent bei Frank die Haare schneiden lassen, in Franks Salon. Seit er neunundzwanzig Jahre alt war und sich in diesem Viertel der Stadt niedergelassen hatte, war er dorthin gegangen, immer am letzten Freitag jedes zweiten Monats. Immer dauerte es ungefähr eine Stunde, obwohl er einen pflegeleichten Kopf hatte, dessen Instandhaltung auch mit den Jahren nicht schwieriger wurde, eher im Gegenteil. Jetzt war Bent fast vierundvierzig Jahre alt, und wenn er nachrechnete, würde er zu dem Ergebnis kommen, daß er fast hundert Stunden in Franks Friseurstuhl verbracht hatte. Dennoch konnte er sich nicht daran erinnern, daß sie jemals wirklich miteinander gesprochen hätten, abgesehen von einigen Äußerungen über die Wettervorhersage, wenn sie vollkommen daneben gelegen hatte, über ein Sportereignis von Rang oder über einen Politiker, der zu weit gegangen war, in der einen oder anderen Richtung. Nicht einmal über sein Haar sprachen sie viel, denn Frank wußte, wie Bent es haben wollte, seit dem ersten Freitag, als er in den Salon getreten war, vor fast fünfzehn Jahren: Bent hängte seine Jacke an den Garderobenständer neben der Tür, nahm auf dem Stuhl Platz, wurde ein paar Stufen hochgepumpt, bekam den Umhang umgehängt und den kleinen, steifen Papierkragen um den Hals gewickelt, fühlte Franks sanfte Finger an den Schläfen und ließ ihn beginnen, ohne daß einer von ihnen ein Wort gesagt hätte. Denn Frank schnitt die Haare gern in aller Ruhe, und auch Bent legte darauf Wert. Vielleicht kam er letztendlich gerade deshalb immer wieder hierher zurück, weil er nicht reden mußte und so keine Dinge von sich gab, die er hinterher bereute, zum Beispiel etwas über seinen Job. Weil er nicht auf alle möglichen Fragen antworten oder überhaupt Rede und Antwort stehen mußte, während er sich gleichzeitig in dem alten, trüben Spiegel sah, der so freundlich zu seinem Gesicht war, und die raschen Schnitte der Schere um seinen Kopf herum hörte, das leise Summen des Rasierapparats im Nacken und zum Schluß das Lachen der weichen Bürste den Hals hinunter. Das war die Sprache des Friseurs. Das war das einzige, stete Gespräch des Salons: der Dialekt des Haars.

Nach all diesen Jahren wußten sie wenig oder eigentlich gar nichts voneinander. Und das war vielleicht am besten so. Bent wohnte allein, in einer Zweizimmerwohnung, drei Stockwerke über einem Laden, der rund um die Uhr geöffnet hatte. Es kam vor, daß er gegen Mitternacht, wenn er nicht schlafen konnte, runterging, sich vier Stück Schmalzgebäck bei dem Mädchen kaufte, die meistens dort bediente, Susie hieß sie, das stand auf ihrem Namensschild, und sich ein Video auslieh, mit Mia Farrow. Aber das half selten. Die Filme waren weder einschläfernd noch aufregend genug. Statt dessen nahm er zu, langsam ging er in die Breite, bis ihm die meisten Sachen ziemlich eng wurden. Bent war Krankenträger im Rikshospital. Er hatte noch keinen einzigen Tag gefehlt.

Wenn er an seinem Stubenfenster stand, konnte er auf den Friseursalon hinunterschauen. Oft blieb Frank bis spätabends im Geschäft. Er fegte die Haare vom Boden auf und trug sie in den Hinterraum, er wusch die Kämme in blauem Wasser, reinigte den Rasierapparat, ordnete die alten Zeitschriften, die alle schon seit langem gelesen waren, oder schrieb kleine Schilder, die er am nächsten Tag an die Tür hängen konnte: *Rentnerhaarschnitt zum halben Preis*. Ab und zu blieb Frank mehrere Stunden lang einfach nur im Friseurstuhl sitzen, ohne jede Beschäftigung, fast als schliefe er. Dann sah Bent lieber nicht mehr hin. Dann ging Bent in die Küche, setzte sich und trank Kaffee. Aber er hätte Frank gern dabei zugeschaut, wie er sich selbst die Haare schnitt.

Frank war ein magerer, ordentlicher Mann Mitte Fünfzig. Er hatte den Salon von seinem Vater übernommen, einem früheren Oslomeister seines Fachs, der sich auf der Höhe seines Ruhms zurückgezogen hatte und nur drei Wochen später starb. Aber der Pokal stand immer noch in einer Glasvitrine neben den Spiegeln. Und dem Sohn, Frank, war es gelungen, die ganzen Jahre über durchzuhalten, während neue Friseure, mit Namen wie *Hairport*, *Agaton Sax* und *Spaghetti* an allen Ecken aus dem Boden schossen und das Viertel fast überschwemmten. Und Frank hatte es geschafft, dank eines kleinen, aber treuen Kundenkreises, der im großen und ganzen aus Männern mittleren Alters bestand, die an die Phantasie nur bescheidene Ansprüche stellten, wenn es um die Frisur ging. Das waren Männer, die sich, wenn sie überhaupt etwas sagten, mit den Worten begnügten: «Wie immer, an den Ohren etwas kürzer.» Und wenn es auf die Sommerferien zuging, konnten sie sich eventuell zu einem ganzen Satz hinreißen lassen: «Ich glaube, diesmal sollten wir es besonders gründlich machen, Frank.» Dann sagte Frank mit seiner leicht verletzten und gleichzeitig überlegenen Stimme, an die sich die wenigsten wirklich gewöhnen konnten, die sie jedoch dennoch in Kauf nahmen, weil sie ja mit ihren schütteren Strähnen und hohen Schläfen nirgendwo besser aufgehoben waren als hier: «Ich weiß schon. Setz dich nur hin.» Wenn man es genau betrachtete, war alles, was sie sagten, in einem Wort zusammengefaßt: *stutzen*, das entscheidende Wort in ihrem Leben.

So waren die Jahre vergangen, und so liefen sie immer weiter, keine jähen Kurven, keine Katastrophen, kein Jubel. Es gab im Leben einige Holperschwellen, und die Zeit war ein blauer Kamm, der jeden Morgen voller Haare war. Sie wurden älter, achteten aber kaum auf sich selbst. Sie suchten sich ihre Spiegel sorgfältig aus, sie entschieden sich für Franks Spiegel. Das einzige, was sich ihrer Meinung nach verändert hatte, war die Stadt, in der sie wohnten. Immer wieder kam es vor, daß sie eines schönen Morgens einen neuen Imbiß entdeckten, und bevor sie ins Bett gingen, gab es noch eine Reklametafel, die mit ihren grünen, abgehackten Buchstaben über der Straßenbahnhaltestelle leuchtete, ganz zu schweigen von den neuen Friseuren mit ihren modernen Namen, die dort einzogen, wo vorher ein Lebensmittelladen, ein Eisenwarenhändler oder ein Kurzwarengeschäft gewesen war. Das verwirrte sie, sie lagen wach und heimatlos da, selbst in ihren Träumen, aber sie konnten bei diesen Veränderungen auch einen jähen Anflug von Glück empfinden, wie ein Lachen im Kopf, denn es wurde ihnen mit einem Mal und mit großer Macht klar, daß sie selbst der einzige sichere Haltepunkt in ihrem Leben waren.

Und wenn der Wecker klingelte, standen sie sofort auf, sie hatten ja doch geschlafen, und vielleicht nahmen sie die Haare aus dem Kamm, denn es kam vor, daß sich einer im Schlaf gekämmt hatte.

Sie sahen einander nie, abgesehen von den Momenten in der Tür zu Franks Salon.

Es war der letzte Freitag im November, in Franks Monat. Alles war naß und matschig, und der Regen konnte jeden Moment in Schnee übergehen. Bent war auf dem Heimweg. Er ging die breite, hell erleuchtete Einkaufsstraße entlang, die vom Zentrum in seinen Stadtteil führte. Es war eine ziemliche Plackerei bei der Arbeit gewesen, nicht schlimmer als sonst, was die Anzahl der Fahrten in den Kühlraum betraf, aber einer der Neuen, ein junger Student, hatte den Flur vollgekotzt, er hatte direkt an die Wand gespuckt, war dann zusammengebrochen und hatte geheult. Sie schoben ein Kind. Bent war all diese Aushilfen leid, die kamen und gingen. Es war nicht so, wie es sein sollte, das war nicht in Ordnung so. Aber er schimpfte nicht, er versuchte statt dessen zu trösten und sagte, daß es früher oder später vorbeigehen würde. Er selbst hatte einmal dagehockt und sich übergeben. Es dauerte eine Weile, sich an einen Zettel um den weißen Fuß eines Kindes zu gewöhnen.

Jetzt wartete Bent, an der Kreuzung bei der Straßenbahnhaltestelle, auf grünes Licht. Er wollte auf die andere Seite. Er wollte in den Windschatten kommen. Der Regen war zu Schneeregen geworden, lag schwer auf Schultern und Händen. Da sah er zu seiner Überraschung, daß er einen Schatten warf, einen scharfen Schatten schräg auf die Straße. Er drehte sich um und wurde von dem starken weißen Licht des *Spaghetti* geblendet, dem neuesten der Friseure im Viertel. Und plötzlich faßte Bent einen Entschluß. Er ging dorthin, ins *Spaghetti*. Hinterher konnte er nicht erklären, warum er das getan hatte. Er tat es einfach. Er lenkte seine Schritte in eine andere Richtung. Er hätte zu den naheliegenden Ausreden Zuflucht suchen können, daß es auf der Arbeit ziemlich hart gewesen war, daß er aus dem Gleichgewicht gekommen war, jedenfalls nicht so recht im Lot war, denn Hand aufs Herz, wer kann sich schon an einen Zettel gewöhnen, der am rechten Fuß eines Kindes hängt, und an den kalten Lufthauch, der so eine Erinnerung unauslöschlich versiegelt? Aber nicht deshalb sah Bent es jetzt seine Jacke hinuntertropfen, sah, daß es auf den gekachelten Boden, der wie ein riesiges

Schachbrett wirkte, tröpfelte und daß sich im Laufe der wenigen Sekunden, die er erst hier drinnen stand, ein See um seine Schuhe gebildet hatte.

Da stand er, ein Mann aus dem Schneeregen, in *Spaghettis* scharfem Lichtschein. Die Gerüche waren anders, satt, gefüllt mit einer fremden Schwere, fast wie auf einer Reise. Bent strich sich schnell mit der Hand über die Stirn und schaute sich um. Hier gab es Männer und Frauen, sie saßen bunt durcheinander auf ganz normalen Stühlen, vor hohen Spiegeln, die er nicht wiedererkannte. Er hörte Musik, einen monotonen, hämmernden Rhythmus, der ihn an das Aggregat im Keller des Krankenhauses und an schlaflose Nächte denken ließ. Es schien, als würde er plötzlich erwachen. Hier konnte er nicht bleiben. Er mußte wieder hinaus, er mußte weg von hier, es war ein Irrtum, er sollte woanders hin, er mußte gehen. Das Licht draußen wechselte, Bent sah hinter grauen Schneeregenstreifen das grüne Leuchten wie eine kranke Flamme ganz im Inneren eines toten Fernsehbildschirms, wenn der Film, zum Beispiel mit Mia Farrow, schon lange zu Ende ist. Er kehrte um. Er war bereits auf dem Weg. Da kam ein junger Mann, eigentlich ein Junge, in karierter Hose, fast wie der Fußboden, auf ihn zu:

«Hei, wie heißt du?»

«Bent», sagte Bent.

«Hast du einen Termin?»

«Nein. Tut mir leid. Ich will gerade gehen. Tut mir leid.»

Der Junge musterte ihn langsam, schaute lange auf den See um seine Schuhe, hielt mit einem Lächeln ganz oben beim Haaransatz inne.

«Wir werden dich schon dazwischenschmuggeln, Bent. Viele Absagen, weißt du. Das Wetter. Schreckliches Wetter, um rauszugehen. Nicht wahr?»

«Ich kann ein andermal wiederkommen. Tut mir leid.»

Der Junge faßte ihn beim Arm.

«Dir braucht gar nichts leid zu tun. Setz dich nur, Bent. Ist schon in Ordnung.»

Der Junge half ihm aus der Jacke, und Bent wurde auf einem Stuhl plaziert, einem ganz gewöhnlichen Stuhl, vor dem Spiegel, dessen Blick zu erwidern er sich kaum traute. Auf beiden Seiten von ihm saßen Damen, eigentlich waren es wohl eher Mädchen, Schulmädchen, so sündhaft jung, und ließen sich ihre Frisur fürs Wochenende richten. Das sieht nicht aus wie ein Friseursalon, dachte Bent, das sieht aus wie ein Theater, so muß es im Theater hinter der Bühne sein. Haare wurden verlängert, Haare wurden gesengt, Haare wurden gefärbt. Hier machte man alles mit Haaren, außer sie zu schneiden.

Bent faltete die Hände und schloß die Augen, und eine alte Angst machte sich in ihm breit, wie er sie von seinem ersten Tag in der Stadt kannte. Das war im Juni gewesen, als er im Ostbahn-Bahnhof aus dem Zug gestiegen war, nach zwei Tagen Fahrt, und dastand, allein, auf dem Bahnsteig, in einer anderen Welt, mit einem braunen Koffer, allem, was er besaß, und dem massiven

Gewicht der Erwartungen in der anderen Hand, dem Schatten, dem er nicht entkommen konnte; ganz zu schweigen von seiner ersten Schicht, als er einen Ferienjob im Rikshospital bekommen hatte, da lag er auf allen vieren vor dem Kühlraum und schluchzte, pißte sich in die Hose, schiß, kotzte. Dann das Lachen hinterher oben in der Kantine, der bleibt nicht lange, hatten sie gesagt, eine Woche höchstens. Aber Bent blieb am längsten von allen. Er war in die Stadt gekommen, um eine Banklehre zu machen, blieb aber statt dessen im Krankenhaus hängen, in der Tiefe, in den Katakomben und dem Kühlraum. Bent war die Aushilfe, die blieb. Er wohnte in einem Zimmer im Zentrum, verkaufte seine Lehrbücher an ein Antiquariat und hatte es nicht weit bis zu seinem Job. Dann zog er in die Wohnung über dem Laden und ließ sich bei Frank die Haare schneiden. Er fuhr nie wieder nach Hause.

Der Junge legte Bent einen schwarzen Umhang um, stellte sich hinter ihn und hob ein ganz klein wenig seinen Kopf.

«Ist es lange her, seit du beim Friseur warst?»

«Nein, ich habe sie mir schneiden …»

Der Junge unterbrach ihn.

«Beim Friseur, meine ich. Ist es lange her, seit du bei einem *Friseur* warst?»

«Zwei Monate. Warum?»

«Ach, nur so. Ich habe nur über was nachgedacht, weißt du. Wie willst du es haben, Bent?»

«Normal.»

Jetzt gab es keinen Weg mehr zurück. Jetzt hatte es bereits begonnen. Er sah sich selbst im Spiegel. Er war fetter geworden, als er gedacht hatte. Er mußte aufhören, sich die Filme mit Mia Farrow anzugucken.

«Normal», wiederholte der Junge. «Normal?»

Die anderen Friseure blickten zu ihnen herüber, die Kunden auch, die Schulmädchen, lachten sie jetzt? Nein, Bent konnte nicht feststellen, ob sie lachten, sie guckten nur, ganz schnell, bevor sie sich wieder ihrem eigenen Blick zuwandten und sich durch die Spiegel als Vermittler miteinander unterhielten.

«Ja», sagte Bent. «Ich dachte, so wie jetzt, nur ein bißchen kürzer.»

So viel hatte er noch nie zu Frank gesagt, und dieser plötzliche Gedanke an Frank machte ihn unruhig, versetzte ihm fast einen Schock. Jetzt wartete Frank in seinem Salon, hatte schon angefangen, auf die Uhr zu gukken, denn es war schon halb fünf, während Bent hier saß, unter fremden Händen. Was mache ich nur? dachte er. Was habe ich gemacht? Die Finger des Jungen drückten gegen seine Schläfen.

«Jetzt müssen wir aber den Kopf ein bißchen still halten. Damit ich Ruhe beim Arbeiten habe.»

«Tut mir leid.»

Der Junge blieb hinter ihm stehen, in Gedanken versunken, wie es aussah, während er einen Finger durch Bents feuchtes Haar gleiten ließ.

«Das hört sich ja richtig langweilig an», sagte er schließlich. «Normal, meine ich.»

Und da sagte Bent etwas, von dem er nie gedacht hatte, daß er es je sagen würde:

«Mach, was du willst.»

Der Junge hob die Hand und deutete in die Luft, als hätte er nicht ganz verstanden, was er da gehört hatte. Kurz darauf lächelte er und schnipste laut mit den Fingern.

«Das wirst du nicht bereuen, Bent!»

Der Junge drückte Bents Ohren an den Kopf und betrachtete ihn ganz genau.

«Sollen wir die Koteletten stehen lassen oder nicht?»

Bent schaute schnell in den Spiegel. Dorthin sprach man.

«Die Koteletten?»

«Den Backenbart, Bent. Sollen wir den Backenbart stehen lassen oder nicht?»

Der Junge ließ die Ohren wieder zurückschnellen. Er glaubte sicher immer noch nicht, daß er richtig gehört hatte.

«Mach, was du willst», wiederholte Bent.

Es dauerte nicht so lange wie bei Frank, aber er mußte das Doppelte bezahlen. Der Junge gab ihm auch noch seine Visitenkarte mit, er würde gern die Sache weiterverfolgen, wie er sagte, sowie eine Shampooprobe.

Als Bent nach draußen kam, war es, als hätte er einen neuen Kopf. Die Ampel schaltete auf Rot um. Der Schneeregen fiel weiter. An der nächsten Kreuzung gelang es ihm, ein Taxi zu erwischen, das ihn direkt nach Hause brachte. Als sie an Franks Salon vorbeikamen, mußte er sich die Schnürsenkel zubinden. Er hätte es nicht ertragen, jetzt gesehen zu werden. Glücklicherweise sagte der Fahrer nichts, schaute ihn nur ab und zu im Rückspiegel an. Bent bezahlte und lief in den Laden, legte Milch, Brot, eine Zeitschrift und ein halbes Hähnchen in den Korb und trug diesen zum Tresen.

Susie starrte ihn an, während sie die Waren eintippte.

«Du siehst ja gut aus», sagte sie.

Bent kratzte sich an der Stirn.

«Findest du?»

«Sonst hätte ich es wohl nicht gesagt, oder?»

«Nein, wahrscheinlich nicht.»

Susie gab ihm die Tüte mit den Waren, und noch einmal starrte sie ihn ganz offen direkt an, nicht in die Augen, sondern ein bißchen höher.

«Wirklich! Ich habe gesagt, daß du gut aussiehst. Viel besser als sonst.»

«Ja, danke. Vielen Dank.»

Bent ging zur Tür. Da rief Susie etwas hinter ihm her. Er drehte sich zu ihr um. Plötzlich sagte sie nichts mehr. Bent wurde nervös.

«Was ist denn?»

«Die Filme. Du hast vergessen, die Filme abzugeben.»

«Ich werde sie runterbringen.»

Susie nahm einen Karamelbonbon aus der Schale auf dem Tresen und schob ihn in den Mund.

«Nicht, daß es Probleme macht. Sonst fragt sowieso niemand nach denen. Aber es wird schließlich teuer.»

«Da brauchst du nicht dran zu denken.»

«Tu ich ja eigentlich auch nicht. Sind die lustig, die Filme?»

Bent zuckte mit den Achseln.

«Jedenfalls schläft man nicht ein bei ihnen.»

Susie lachte.

«Hört sich ja wahnsinnig spannend an.»

Und zum zweiten Mal an diesem Tag sagte Bent etwas, von dem er nie gedacht hatte, daß er es jemals sagen würde:

«Wir können sie uns ja einen Abend mal zusammen angucken. Wenn du willst, meine ich.»

Susie lehnte sich gegen den Tresen und lutschte langsam ihren Bonbon. Es war bis dort, wo Bent stand, zu hören.

«Vielleicht. Wenn sie nicht langweilig sind, meine ich.»

Bent trat in den Hauseingang, keine Post, nur ein Reklamezettel mit dem Weihnachtsangebot vom Schlachter. Er nahm den Fahrstuhl in den zweiten Stock. Eine Nachbarin war am Müllschlucker beschäftigt. Sie schaute Bent kurz an und widmete sich dann wieder ihren Sachen. Es roch irgendwie verdorben, Fisch oder vielleicht eine Dose Katzenfutter. Bent schloß auf, stellte die Tüte mit den Einkäufen in die Küche und ging ins Bad. Dort blieb er stehen, lange, im Halbdunkel, vor dem Spiegel. Es rauschte in den Rohren, die Gedärme des Gebäudes, das Rumoren des Freitags. Sein Gesicht wirkte kleiner, schmaler. Jetzt muß ich aber abnehmen, dachte er. Der Rest des Körpers paßt nicht zum Gesicht. Schluß mit Schmalzgebäck des Nachts. Er legte eine Hand auf den

Kopf. Glatt, so fühlte es sich an, ganz glatt. Er roch an seinen Fingern. Das erinnerte ihn an etwas, aber er wußte nicht, an was. Ein Urlaub, den er verpaßt hatte, ein Geschenk, das er nie ausgepackt hatte, ein Stück Obst vielleicht. Er wusch sich die Hände und stellte die kleine Flasche mit dem Shampoo in den Medizinschrank.

Dann schlich er wieder durch die Wohnung, machte das Licht aus und linste durch die Gardinen. Er konnte niemanden dort unten, in Franks Salon, sehen. Das Fenster war dunkel. Es hingen auch keine handgeschriebenen Plakate an der Tür mit Angeboten für die Rentner des Viertels. Bent wurde unruhig. Er aß das Hähnchen kalt, mußte die harte, zähe Haut abziehen und wegwerfen. Solche Dinge waren es, die stinkend liegenblieben, wenn man nicht aufpaßte, die Knochen auch, diese dünnen Hähnchenknochen, der Brustknochen. Das Senfglas war leer. Er spülte es unter kochendem Wasser aus und kratzte das Etikett ab. Er schaute sich die Nachrichten an, konnte sich aber nicht darauf konzentrieren, was er sah, erinnerte sich nicht einmal daran, wie das Wetter werden sollte oder welcher Meteorologe es war. Die Filme lagen auf einem Stapel neben dem Fernseher. Er sortierte sie so, daß der oben lag, den er am liebsten mochte, oder von dem er annahm, daß Susie aus dem Laden ihn am liebsten sehen würde, wenn sie beide den gleichen Geschmack hätten, falls sie ihn nun beim Wort nahm und ihn besuchen kam.

Er mußte wieder ins Badezimmer, drückte seine Ohren an den Kopf, dann wirkte er noch schmaler im Gesicht. Viel schöner als vorher, hatte sie gesagt. Er fuhr sich mit dem Kamm durchs Haar, nach hinten, das war nicht einfach, als würde er die Hand mit gespreizten Fingern durchs Wasser ziehen. Hinterher untersuchte er den Kamm bei besserem Licht. Er konnte nichts sehen. Dann ging er in die Küche, um Kaffee zu kochen. Die Dienstpläne hingen am Kühlschrank, er war morgen dran, acht Uhr. Das störte Bent nicht, die Wochenenddienste, die die Aushilfen um alles in der Welt zu umgehen versuchten, obwohl sie doch extra Geld bedeuteten. Die Wochenenden waren schön. An den Wochenenden gab es meistens ein paar ruhigere Stunden, als arbeite der Tod nur von Montag bis Freitag, als hätte der Tod feste Bürozeiten und Tarifvereinbarungen. «Engelwacht» nannten sie die Wochenenden. Er legte die Visitenkarte des Friseurs in den Korb zu der anderen Reklame und nahm den Kessel vom Herd.

Da klingelte das Telefon.

Er stellte den Kessel hin und lief in die Stube. Niemand rief hier an. Er wartete. Es klingelte weiter. Er riß den Hörer ab.

«Bent? Bist du krank?»

Das war Frank.

Bent mußte sich setzen. Er nahm den Hörer in die andere Hand und atmete so leise er konnte.

«Krank? Nein, ich bin nicht krank.»

Jetzt hatte er es gesagt. Jetzt war diese Lüge schon nicht mehr zu gebrauchen.

«Du bist nicht gekommen», sagte Frank.

«Bei der Arbeit ist es später geworden. Ich mußte einen zweiten Dienst übernehmen.»

«Ich habe lange auf dich gewartet, Bent.»

«Tut mir leid. Wirklich. Ich hätte Bescheid sagen sollen.»

«Du kannst gern jetzt kommen.»

«Jetzt? Wie meinst du das?»

«Daß du gern jetzt noch kommen kannst. Ich bin hier.»

Bent reckte sich zum Fenster, so weit die Leitung reichte, und schaute hinaus. Unten in Franks Salon schien ein blaues Licht. Er konnte Frank sehen. Er saß im mittleren Friseurstuhl mit dem Rücken zu ihm, ein drahtloses Telefon am Ohr. Er hatte die weiße Jacke an, mit allen Kämmen und einer glänzenden Schere in der Brusttasche. Er machte eine jähe Bewegung, und der Stuhl drehte sich langsam herum. Bent schob die Gardine an ihren Platz und zog sich zurück. Er konnte Frank leise lachen hören. «Ich dachte, du wärst nicht zu Hause», sagte er. «Es ist so dunkel bei dir.»

«Ich bin noch nicht dazu gekommen, Licht anzumachen.»

Es wurde wieder still.

«Kommst du?»

«Soll ich nicht lieber nächsten Monat kommen. Vielleicht am Freitag nächsten Monat.»

Bent hörte Franks schweren Atem, etwas fiel zu Boden und ging kaputt. Er traute sich nicht nachzusehen, was es war.

«Nächsten Monat? Im Dezember?»

«Ja. Am letzten Freitag im Dezember. Geht das?»

Frank lachte wieder, ein merkwürdiges Lachen, als hätte er etwas in den Hals bekommen.

«Das kann ja wohl nicht gehen.»

«Warum nicht?»

«Warum nicht? Warum kannst du nicht jetzt kommen? Ich bin hier.»

«Ich bin müde.»

«Bist du ganz sicher, daß du nicht krank bist?»

«Ich bin einfach erschöpft. Der Job. Wir mußten heute ein Kind wegbringen. Zwei Kinder.»

Bent hörte es sich sagen. Er sank auf den Sessel. Zum dritten Mal heute, dachte er, verplappere ich mich. Zwei Dinge, von denen er nie gedacht hatte, daß er sie sagen würde, und eine Sache, die er nie hätte sagen sollen. Er wollte es zurückziehen. Er wollte es dementieren. Nur die Aushilfen sprachen über die Toten.

«Ich bin müde», wiederholte er. «Das Wetter.»

«Du kannst morgen kommen.»

«Am Samstag? Da hast du doch geschlossen.»

«Ich lasse für dich offen.»

Bent wurde immer kleiner auf dem Sessel.

«Morgen muß ich auch arbeiten. Zwei Schichten.»

«Ach. Gibt's so viel zu tun?»

«Ich weiß nicht, wann ich nach Hause komme. Es gibt immer so viel zu tun.»

Lange Zeit sagte Frank nichts.

«Ich bin jetzt hier», sagte er schließlich. «Nur daß du das weißt.»

Frank legte auf. Bent blieb mit dem Hörer in der Hand sitzen, dann legte er ihn vorsichtig auf seinen Platz, als hätte er Angst, jemanden zu wecken. Er wagte es nicht, zum Fenster zu gehen. Er wagte es nicht, Licht anzumachen. Statt dessen ging er ins Badezimmer, zog sich aus und duschte, wusch sich die Haare, nicht mit dem neuen Shampoo, das ließ er stehen, sondern mit der alten Seife, die er die ganzen Jahre hindurch benutzt hatte. Er schrubbte seine Kopfhaut, fest, so fest er konnte. Er zitterte unter dem dünnen, ungleichmäßigen Strahl, der zu klein für seinen Körper geworden war, wie ein Scheinwerfer, dem es nicht gelang, den ganzen Mann zu erleuchten, nur jeweils einzelne Partien: die Hände, den Bauch, die Schultern, die Knie. Er sah, wie das Wasser in einem schwarzen Wirbel Haare mit in den Abfluß zog.

Dann versuchte Bent, sich einen Film anzusehen, den untersten im Stapel, konnte der Handlung aber nicht so recht folgen. Es waren zu viele Darsteller, und er verstand nicht, wer was machte und warum sie es machten. Nach einer Viertelstunde gab er auf, kontrollierte, ob die Herdplatte auch abgestellt war, die Tür geschlossen und ging dann ins Bett.

Er konnte nicht einschlafen. Das war ihm schon klar. Das Laken rutschte unter ihm. Der fremde Geruch seines eigenen Kopfs war jetzt noch stärker geworden, als hätte er sich über seinen ganzen Körper verteilt, als er duschte. Es war, als läge er an einem anderen Ort, in einem anderen Bett, in einem Hotelzimmer, in dem gerade eben jemand aufgestanden war und sein fetter Schatten eine Delle in der Matratze hinterlassen hatte. Die Geräusche von der Straße waren deutlich zu hören: Rufe, Musik, Motoren, etwas, das zerbrach, eine Flasche oder ein Fenster. Dann war alles still, fast, es wurde nie ganz still.

Und Bent wachte mit einem Ruck auf. Es hatte geklingelt. Es klingelte noch einmal. Er stürzte ans Telefon. Es war nach Mitternacht. Er streckte die Hand aus. Es hörte nicht auf zu klingeln. Er nahm ab.

«Bent Samuelsen?» fragte eine Stimme, ein Mann.

Das war nicht Frank, das war jemand anders, eine fremde Stimme. Das war sicher nur jemand, der sich verwählt hatte, dachte Bent, ein Besoffener. Aber es konnte kein Irrtum sein, jemand hatte gerade eben seinen Namen gesagt, seinen ganzen Namen. Bestimmt war jemand gestorben, sicher sein Vater, und jemand rief Bent an, um es ihm zu erzählen, der Pfarrer, der zuständige Polizist, ein Nachbar, sicher der Nachbar aus dem weißen Haus hinter dem Bootshaus, wo sie immer am Wasser gespielt hatten.

«Ja», sagte Bent, fast ungeduldig. «Ja?»

«Wir sind enttäuscht von dir.»

«Was?»

«Wir sind enttäuscht von dir, Bent.»

«Mit wem rede ich?»

«Wir haben einen gemeinsamen Freund. Über den Ohren kurz.»

Und Bent begriff, daß es einer von Franks Kunden war, das mußte einer von Franks Kunden sein, einer von denen, die er vielleicht einmal auf dem Weg hinein oder hinaus getroffen hatte, dem er die Tür offengehalten hatte, ihm zugenickt, ihn gegrüßt, mit dem er aber nie ein Wort gewechselt hatte. Bent schleppte sich zum Fenster. Unten im Salon war es dunkel, nur das schwache blaue Licht über dem Spiegel, wie in einem großen, leeren Aquarium.

«Was willst du?» flüsterte Bent.

«Was willst *du*? Das ist die Frage.»

Bent spürte mit einem Mal, wie er langsam wütend wurde. Er konnte nicht mehr still stehen. Etwas stieg in ihm auf, eine Wut, eine gewaltige Wut. Das war schon lange nicht mehr vorgekommen. Fast war es ein gutes Gefühl. Er hätte etwas zertrümmern können.

«Du hast mich aufgeweckt!» rief er.

«Du hast die Frage nicht beantwortet.»

«Und du meine nicht! Was willst du von mir?»

Er hörte Atmen am anderen Ende, irgendwo an einem anderen Ort in dieser Stadt, im gleichen Stadtteil, vielleicht in der gleichen Straße. Etwas fiel, ein Glas, eine Tasse, etwas, das auslief.

«Hast du jetzt Angst?» fragte der Fremde.

«Angst? Was meinst du damit?»

Ein leises, dünnes Lachen kam zuerst.

«Findest du dich jetzt irgendwie schön? Hä? Schöner als uns?»

Bent antwortete nicht. Er fror an den Füßen. Es zog am Fußboden, vom Eingang her. Eine Sirene durchschnitt die Stadt, der Unfallwagen, jemand hatte einen anderen kurz vor der Sperrstunde zusammengeschlagen. Ein Hund bellte in einer Wohnung drunter oder drüber.

«Scheißkerl», sagte Bent. «Verfluchter Scheißkerl!»

Er hörte ein Klicken in der Leitung, einen Piepston, als wäre die Sirene vom Telefonnetz aufgefangen worden und würde sich jetzt in alle Richtungen verteilen. Dann war die Stimme wieder da.

«Wir müssen auf Frank aufpassen. Das ist alles, was ich zu sagen habe. Wir müssen auf Frank aufpassen.»

Die Verbindung wurde unterbrochen. Bent ließ den Hörer fallen, er berührte knapp den Boden. So ließ er ihn hängen. Er trat gegen ihn. Der Hörer schlug gegen die Wand. Aufgeregt ging er hinaus in die Küche. Jetzt kann ich nicht wieder einschlafen, dachte er, jetzt kann ich auf keinen Fall wieder einschlafen. Er durchsuchte die Speisekammer, den Kühlschrank. Aber ich habe es gesagt, Scheißkerl, verfluchter Scheißkerl, er konnte auch stärkere Worte benutzen, jawohl, Worte, die er fast vergessen hatte, ihm war die Zunge nicht eingetrocknet, wenn die Situation einen Kraftausdruck erforderte. Er spuckte ins Spülbecken. Dann fand er endlich, wonach er gesucht hatte, ganz hinten im Brotkasten, ein Stück Schmalzgebäck. Er setzte sich an den Küchentisch und aß es langsam. Das Schmalzgebäck war hart und eingetrocknet. Das machte nichts. Er aß es, es wurde in seinem Mund zu dickem Staub. Er trank ein Glas Wasser, das schmeckte nach Senf, dann ging er wieder ins Bett.

Dort blieb er liegen, wach und ängstlich. Erst jetzt

kam die Angst, er spürte sie wie ein schweres Senkblei im Bauch, die Kehrseite der Aufregung und Wut: die Angst. Er war ausgeschert. Er hatte ihn enttäuscht, diesen Kreis stummer Männer, dem er selbst angehörte. Franks treue Kunden. Er hatte sie lächerlich gemacht, an einem Freitag im November, und er hatte es aus einer Eingebung heraus getan, ohne Plan, ohne Ziel. Er hatte sie zum Narren gehalten. Bent zerrte an der Bettdecke. Er brannte. Er preßte das Gesicht ins Kissen. Dann kam er doch noch, der Schlaf, er träumte irgendetwas von Susie, sie wartete auf ihn, während er alle Filme zurückspulte, aber die Bänder stoppten nie, sie drehten sich in einem fort in den Kassetten. Er träumte von den Muscheln am Ufer, die sie nach den Tieren auf dem Hof benannten. Kuh, Schaf, Ziege, die Venusmuschel war die Kuh, die Katze war blau, und er träumte vom schwarzen Auge des Abflusses, das Haare und Haut in sich sog. Der Schlaf war wie eine Kette der Sehkraft, die an einem neuen Morgen festrostete.

Bent wachte in einem anderen Licht auf. Verwundert stand er auf, in einem anderen Licht. Er zog sich seinen Morgenmantel über und ging ans Fenster, sah hinaus: Winter. Er hätte es gern gesehen, gern genau in dem Moment zugesehen, als der Schneeregen zu Schnee wurde, von Grau in Weiß umschlug, von dem Schweren ins Leichte überging. Aber er hatte nicht einmal mitbekommen, daß der Regen aufgehört hatte, obwohl er mitten in ihm gestanden und das Gewicht der feuchten Kälte auf den Schultern gespürt hatte.

Jetzt konnte er Fußspuren sehen, die über den Gehsteig verliefen, von Franks Salon über die Straße in den Laden. Jemand war schon dort gewesen. Bent drehte sich schnell um. Der Telefonhörer hing zu Boden, schaukelte ganz leicht, wie ein langsames Pendel. Die Uhr zeigte halb acht. Er legte den Hörer auf seinen Platz, nahm ihn gleich wieder auf. Er hörte den Freiton. Er rief im Rikshospital an und sagte, er sei krank, er könne nicht kommen, er sei krank, im Magen, nähere Informationen morgen, er sei krank, ansteckend, wahrscheinlich ansteckend. Er legte auf. Er blieb so stehen, außer Atem, als erwartete er, daß sie sofort zurückrufen und ihn entlarven würden. Jetzt hatte er es gemacht. Jetzt konnte er nicht noch einmal anrufen und sagen, daß er bereits wieder gesund sei und damit die Lüge mit einer halben Wahrheit verdoppeln. Warum gab es nichts, was Notwahrheit hieß? Das war das erste Mal, daß er bei der Arbeit fehlte. Die Toten mußten sich heute mit einer längeren Wartezeit abfinden. Die Toten waren in der Minderheit. Die Toten hatten nichts zu sagen.

Er setzte Kaffee auf und schnitt sich eine Scheibe Brot ab. Er hatte keinen Hunger und ließ sie liegen. Er fegte die Krümel vom Tisch, legte das Messer in die Schublade. Der Winter blendete ihn. Das Weiße zwängte sich überall hinein, der Schnee, das verwitterte Licht, er ging ins Bad und betrachtete sich im Spiegel. Doch, er mußte wirklich abnehmen, das nächtliche Schmalzgebäck war das letzte gewesen. Die Proportionen stimmten nicht, er war ein großes Å mit einem viel zu kleinen

Kreis drauf, einem Punkt nur. Er mußte ein i werden, es war an der Zeit, ein ganz gewöhnliches i zu werden, das nachts schlief und nicht statt dessen Schmalzgebäck aß. Er fuhr sich mit den Fingern durchs Haar. Das war jetzt nicht glatt, sondern trocken, trocken und steif. Er schaute sich seine Hände an, von denen es rieselte.

In dem Moment klingelte es. Jemand klingelte bei Bent Samuelsen. Es war lange her seit dem letzten Mal, und da waren es die Zeugen Jehovas gewesen. Er eilte in den Flur, blieb stehen. Wenn es nun Susie war? Und er in dem häßlichen Morgenmantel, mit nackten Füßen, gerade erst aufgestanden, am ersten Tag des Winters? Wie würde das aussehen. Er konnte nicht anders, er mußte öffnen. Bent öffnete die Tür. Es war nicht Susie. Es war Frank. Frank stand mit zwei vollen Plastiktüten aus dem Laden da und starrte ihn an.

«Willst du mich nicht hereinbitten?»

Bent trat zur Seite und ließ ihn vorbei. Frank stellte die Tüten auf den Boden, zog sich Schuhe und Mantel aus und drehte sich zu ihm um. Frank starrte auf Bents Stirn, versuchte zu lächeln.

«Du kannst ehrlich zu mir sein, Bent.»

«Ja? Was meinst du damit?»

«Kennen wir uns denn nicht schon eine ganze Weile?»

Bent antwortete nicht. Die Tür fiel zu. Franks Blick war überall. Franks Blick ruhte auf ihm.

«Stimmt das nicht? Kennen wir uns nicht schon ziemlich lange?»

«Doch», nickte Bent.

«Fünfzehn Jahre. Sind es nicht fünfzehn Jahre?»

«Ich glaube schon. Fünfzehn Jahre.»

Frank kam näher. Frank war kurz davor, ihn zu berühren.

«Du bist doch krank. Warum hast du dann gesagt, du wärst nicht krank?»

«Ich bin nicht krank.»

«Ich habe eben bei deiner Arbeit angerufen. Die haben mir gesagt, daß du nicht da bist. Sie haben gesagt, du bist krank.»

Bent wurde angst und bange.

«Hast du im Krankenhaus angerufen? Warum hast du im Krankenhaus angerufen?»

«Ich habe mir Sorgen um dich gemacht, Bent.»

Frank hob die Plastiktüten hoch und lächelte wieder.

«Ich habe ein paar Kleinigkeiten für dich eingekauft. Soll ich sie in die Küche bringen?»

Bent holte tief Luft.

«Ja. In die Küche. Mach das.»

Frank tat einen Schritt zurück und starrte ihn erneut an, schüttelte lange den Kopf, so daß kein Zweifel aufkommen konnte.

«Du siehst wirklich schlecht aus. Das muß ich sagen.»

«Das ist nicht so wichtig.»

«Und ich habe gedacht, du würdest nur blaumachen.»

Frank lachte plötzlich laut auf. Bent schaute empört woanders hin.

«Ich mache nicht blau.»

«Viele tun das. Es gibt viele, die das tun.»

Frank pfiff die Melodie aus einer alten Fernsehserie, während er in die Küche ging und Milch und Aufschnitt in den Kühlschrank stellte, das Brot in den Brotkasten legte und zum Schluß lächelnd eine große Papiertüte auf den Tisch warf.

Bent stand in der Türöffnung.

«Schmalzgebäck», sagte Frank.

Bent sagte gar nichts.

«Wie ich gehört habe, magst du Schmalzgebäck, oder?»

Bent nickte. Frank nahm ein Stück aus der Tüte und gab es ihm. Es war ganz frisch und noch warm. Dennoch wuchs es im Mund wie ein Pilz. Bent schluckte und schluckte. Franks Blick umkreiste ihn die ganze Zeit. Franks Augen ließen ihn nicht entkommen.

«Willst du mir nicht den Rest der Wohnung zeigen?»

Sie gingen wieder in die Stube. Frank strich mit dem Finger am Bücherregal entlang, schaute sich ein Foto von Bents Eltern an, aufgenommen an dem Tag, bevor er von daheim fortfuhr, hob einige Wochenzeitschriften auf, die neben dem Fernseher auf dem Boden lagen.

«Kann ich die haben, Bent?»

«Ja.»

«Und du bist dir sicher, daß du sie schon gelesen hast?»

«Ja. Ich habe sie gelesen.»

«Ganz sicher? Ich will sie nicht haben, wenn du sie noch nicht fertig gelesen hast.»

«Ich habe sie fertig gelesen. Nimm sie nur.»

Frank stopfte die Zeitschriften in eine der leeren Tüten.

«Früher hatte der Salon ein Abonnement auf die Zeitschriften *Allers*, *Hjemmet* und auf die *Aftenposten*. Das lohnt sich nicht mehr.»

Frank seufzte und stellte sich ans Fenster, blinzelte zwischen den Gardinen hindurch.

«Eine schöne Aussicht», sagte er. «Lustig, meinen Salon von hier aus zu sehen. Von oben hineingucken zu können.»

Frank blieb dort stehen, den Rücken Bent zugewandt, ohne zu reden, vor all dem Weiß wie ein schmaler Schatten. Die Gardinen wellten sich leicht zu seinen beiden Seiten.

Jetzt gehe ich, dachte Bent. Jetzt gehe ich und lasse ihn hier stehen, und ich komme erst wieder zurück, wenn er weg ist.

Frank begann zu reden, leise.

«Manchmal habe ich meinen Vater begleitet. Als ich noch ein Junge war. Als der Schnitt drei Kronen kostete und alle Gel und Pomade haben wollten. Ich saß auf einem Hocker in der Ecke und durfte kein Wort sagen. Vater vertrug es nicht, bei der Arbeit gestört zu werden. Aber eines Tages schlief ich ein. Ich schlief ein und fiel vom Hocker. Vater zuckte so zusammen, daß er einem Kunden das halbe Ohrläppchen abschnitt. Das Blut rann. Meine Güte, wieviel Blut das war. Aber der Kunde kam wieder. Nächsten Monat saß er wieder auf seinem Platz auf dem Stuhl, und das Ohr war verheilt. Hast du jemals Grund gehabt, dich über mich zu beklagen, Bent?»

«Nein.»

«Warst du jemals unzufrieden mit der Art, wie ich meine Arbeit mache?»

«Nie. Niemals, Frank.»

Frank drehte sich Bent zu, der ganze Mann gebeugt.

«Ich schaffe es nicht mehr sehr lange.»

«Was meinst du?»

«Nun ja, wir werden alle nicht jünger mit den Jahren. Bald sind wir alle Rentner und bezahlen nur noch den halben Preis. Es ist sicher das beste, aufzuhören, solange das Spiel noch läuft.»

«Das ist doch nicht dein Ernst?» fragte Bent.

«Ob das mein Ernst ist? Natürlich ist das mein Ernst. Ich habe drei Stühle, benutze aber nur einen. Es wäre doch genauso gut, wenn ihr zu mir nach Hause kämt, dann könnte ich euch, einem nach dem anderen, die Haare in der Küche schneiden.»

«Die Rentner können auch den vollen Preis bezahlen», sagte Bent. «Wie alle anderen.»

Frank lachte plötzlich und schlug sich gegen die Stirn.

«Hier stehe ich und plage dich mit meinen Problemchen. Als hättest du nicht genug selbst zu bedenken.»

Bent wurde unruhig. Frank wandte den Blick nicht von ihm ab.

«Wieviel bin ich dir schuldig?» fragte Bent. «Für den Einkauf?»

«Darum brauchst du dir keine Gedanken zu machen. Leg dich lieber ins Bett und werde wieder gesund. Soll ich dir einen Tee kochen?»

«Das ist nicht notwendig.»

«Na gut. Ich dachte ja nur.»

«Danke», murmelte Bent. «Vielen Dank.»

Frank ging zum Fernsehapparat und packte alle Videofilme mit Mia Farrow in die Plastiktüte zu den Zeitschriften. Bent hätte ihn am liebsten zurückgehalten.

«Ich weiß, wovon ich rede», sagte Frank. «Das kostet ja ein Vermögen, sie auszuleihen, wenn du sie einfach nur so liegen läßt.»

Und Bent ließ ihn machen. Er sah, wie Frank einen Film nach dem anderen in die Plastiktüte legte und sie in den Flur mit hinausnahm. Dort zog er sich Mantel und die Schuhe an, und als er sich wieder aufrichtete, starrte er Bent von neuem an, mit diesem Blick, der ihn gefangennahm.

«Du kannst kommen, wenn es dir paßt. Ich bin sowieso da.»

Frank öffnete die Tür, zögerte, als wäre er kurz davor, es sich doch noch anders zu überlegen und umzukehren.

«Was ich noch sagen wollte», sagte er. «Gute Besserung.»

Frank ging. Bent eilte zum Fenster, und nach einer Weile sah er Frank in den Laden gehen. Als er wieder herauskam, hatte er nur noch die Zeitschriften in der Hand. Er überquerte schräg die Straße und schloß den Salon auf. Dort knipste er die Deckenbeleuchtung an, verschwand für einige Minuten, offensichtlich im Hinterzimmer, dann war er wieder da, in der weißen Jacke, mit Vaters goldenem Abzeichen am Revers. Er setzte sich in den Frisierstuhl, in den in der Mitte, drehte ihn herum, blieb so sitzen und schaute zu Bents Fenster hinauf.

Bent ließ die Gardine fallen und wich zurück. So blieb er stehen, unbeweglich, bis er anfing zu frieren. So still war es ihm noch nie vorgekommen, der Schnee war ein Schalldämpfer. Er schlich sich in die Küche, aß Schmalzgebäck, so leise er konnte. Aber er kam nicht zur Ruhe. Er zerriß die Visitenkarte von *Spaghetti* und warf sie in den Mülleimer. Er konnte bereits einen leichten Verwesungsgeruch von den Hähnchenresten feststellen. Er schlug die Schranktür wieder zu und erschrak über seinen eigenen Lärm.

Er mußte wieder ans Fenster. Frank saß dort unten, starrte zu ihm hinauf. Bent hielt es nicht länger aus. Er zog sich an, nahm den Fahrstuhl nach unten, das weiße Licht stach ihm in die Augen, als er nach draußen trat. Er mußte sein Gesicht einige Sekunden mit den Händen schützen. Dann lief er über die Straße und betrat Franks Salon.

Frank stand auf, zupfte seine Jacke ein wenig zurecht, lächelte.

«Ich wußte, daß du kommen würdest», sagte er.

«Ja. Ich bin doch noch gekommen.»

«Du frierst doch nicht, Bent?»

«Nein, es geht mir schon besser. Wollen wir anfangen?»

«Da ist nur etwas, das ich dir vorher noch zeigen will.»

Bent ging mit Frank ins Hinterzimmer. Dort stand eine Reihe schwarzer Müllsäcke, alle waren voll, an die Wand gelehnt, und auf jeden der Säcke war eine unterschiedliche Jahreszahl geschrieben, die zurück bis 1974 reichte, wie Bent sehen konnte.

«Mein Lebenswerk», sagte Frank leise.

Bent begriff nicht so recht, was Frank damit meinte. Er wäre am liebsten wieder gegangen.

«Was ist das?»

«Ich konnte es doch nicht einfach wegwerfen, oder?»

Frank kippte einen der Säcke um und leerte ihn auf dem Boden aus. Haare. Es waren Haare, eine Welle von Haaren, die herumwirbelte, bevor sie langsam zur Ruhe kam.

«1982», sagte Frank. «Erkennst du deine wieder?»

Er begann in den Haaren zu waten, hob einige Büschel auf und betrachtete sie genauer.

«Ich denke, daß wir sie hier haben.»

Frank schaute Bent an.

«Du bist seitdem etwas grauer geworden. Aber sonst hältst du dich gut.»

Frank lachte, klatschte in die Hände, und eine Wolke von Haaren schwebte um ihn herum.

«Nun gut, laß uns jetzt lieber sehen, daß wir anfangen.»

Sie gingen zurück in den Salon. Bent setzte sich auf den mittleren Stuhl. Frank pumpte ihn ein paar Takte hoch, legte ihm den Umhang um und stopfte den Papierkragen an Ort und Stelle. Dann stellte er sich hinter Bent, holte die Schere aus der Brusttasche, schnippte schnell in der Luft und blieb so stehen, die glänzende Schere in der Hand, als wäre ihm etwas in den Sinn gekommen. Er schob sie wieder in die Tasche und holte statt dessen den Rasierapparat. Bent schloß die Augen, hörte das Summen, nahe am Ohr, ganz nahe. Er fühlte es im Nacken ziepen, die Scherblätter, die ein wenig an der Haut rissen. Frank beugte seinen Kopf nach vorn, dann schob er den Rasierapparat, langsam und ruhig, durchs Haar, bis nach vorn zur Stirn.

Bent riß die Augen auf und sah sich selbst im Spiegel, in dem alten, matten Spiegel, der mehr ausradierte, als er zeigte, und er konnte seine Kopfhaut sehen, der dünne, holprige Schädel kam zum Vorschein, die zarte weiße Haut um das, was er war. Frank legte seine Hand darauf, auf den nackten Kopf, während der Rasierapparat in seiner anderen Hand weiter summte.

Bent spürte eine jähe Übelkeit. Er wand sich. Er wollte aufstehen. Aber Frank hielt ihn zurück.

«Sind wir jetzt wieder Freunde?» fragte Frank.

Trosse

Jeden Tag in diesem Sommer, ausgenommen die Woche, in der sie schwimmen lernen sollte, stand Andrea auf der Brücke und wartete, daß die «Prinz» anlegte. Sie wollte nicht die Passagiere sehen, die den Landgang mit all ihrem Gepäck, ihren Koffern, Rucksäcken und großen Paketen in braunem Packpapier entlangkamen. Es war nicht der Eismann, der sie interessierte, der Handschuhe ohne Fingerlinge trug und jedesmal, wenn er die Gefrierbox, die er sein Büro nannte, öffnete, sich seine Mütze mit Ohrklappen aufsetzte, und auch nicht der Kartenverkäufer mit dem Daumen auf dem Drehkreuz, oder der Kapitän mit seiner Sonnenbrille, die er immer trug, ganz gleich, welches Wetter es war, auf den sie jeden Tag wartete.

Andrea wartete auf Buffalo.

Denn es war Buffalo, der die Trosse warf. Er stand vorn auf dem Deck, ein paar Schritte hinter der Bordwand, um Platz zum Ausholen zu haben, das Tau in der linken Hand aufgerollt und die Schlinge in der anderen: die schwang er in einem Bogen über dem Kopf, oder – wenn es stark wehte – neben der Hüfte. Dann ließ er los, und das Tau entrollte sich, ein Kreis nach dem anderen, eine Windung nach der nächsten, aus Buffalos linker

Hand, und die Schlinge legte sich um den Poller, der vorne am Anleger festgenietet war. Buffalo traf. Buffalo warf nie daneben.

Und die «Prinz» glitt langsam auf die Fender zu, Buffalo wickelte das Tau dreimal um die Kreuzklampe, während sich das Seil straffte, und es war, als gäbe es ein eigenes Lied von sich, wenn es plötzlich ruckte und die Wassertropfen wie ein durchsichtiger Fächer in dem glänzenden Licht zwischen der Schiffsseite und dem Himmel über dem Fjord standen.

Das war das Schönste, was Andrea je gesehen hatte.

Und wenn die «Prinz» ablegen und mit neuen Passagieren wieder zur Stadt zurückfahren sollte oder weiter zum Ildjernet, fast bis zur Fjordmündung, wenn der Fahrkartenverkäufer mit der Schiffsglocke geläutet hatte, dann ließ Buffalo die Schlinge vom Poller hüpfen, als wenn es nichts wäre. Nur ein kurzer Ruck mit der Hand, und er zog das Tau an sich, bevor es ins Meer fiel. Die Schlinge streifte nur kurz die Wellen, bevor sie über den Schiffsplanken zwischen Buffalos Händen verschwand.

Andrea blieb stehen, bis sie die «Prinz» nicht mehr sehen konnte, die eleganteste aller Fähren, die zwischen der Hauptstadt und der Nesoddhalbinsel verkehrten. Manchmal sah es so aus, als flöge der weiße Aufbau durch die Luft, vor allem, wenn die Sonne brannte und alles dazu brachte, zu verschwimmen, sich aufzulösen, zu zittern. Dann war die «Prinz» ein Schwan auf dem Fjord, und Andrea mußte ihre Augen beschatten, und sie sah Buffalo, wie er die Trosse streichelte und sie zum Trocknen unter die Uhr hängte. Und nach Tagen mit Regenwetter teerte er das Tau, und dann war Andrea sicher, daß sie den scharfen Geruch bis zu ihrem Standort hin riechen konnte, auf der Brücke, am Poller. Dann strich Buffalo sich mit dem Handrücken über seine weiße Stirn, zündete eine Zigarette an und lehnte sich gegen die Schiffswand. Dann hob Andrea immer einen Arm, um ihn zu grüßen. Und eines Tages hob auch Buffalo seinen Arm und winkte zurück.

Andrea lief nach Hause. Die älteren Jungen riefen hinter ihr her. Sie hatten sich am Sprungbrett angestellt, vor dem roten Badehaus. Sie riefen ihren Namen und nahmen Anlauf. Sie hingen wie gelbe Fragezeichen in der Luft, landeten lautlos und schwammen im Kielwasser größerer Schiffe.

Andrea tat, als würde sie sie nicht sehen. Sie kannte sie nicht. Ihr Lachen war fremd und anders. Aber Buffalo hatte ihr zugewunken. Buffalo hatte sie gesehen. Sie lief den steilen Hügel zum Ferienhaus hinauf. Das braune Heidekraut am Zaun zitterte, ein Feuer ohne Flammen. Sein Schatten war dünn und sonderbar in der tiefstehenden Sonne, die es von hinten beschien. Sie konnte niemanden hören, keine Stimmen. Vielleicht waren sie spazierengegangen, das machten sie, wenn sie freundlich zueinander waren. Einmal hatte sie sie Hand in Hand gesehen. Sie hätte fast angefangen zu lachen. Sie stand hinter einem Johannisbeerstrauch verborgen und sah sie Hand in Hand, konnte es aber doch noch zurückhalten, das Lachen. Sie hoffte, daß sie spazierengegangen waren. Vaters Notizbuch lag auf der Terrasse neben den Flugplänen, dem frisch gespitzten Bleistift und dem Radiergummi. Mutters blauer Badeanzug hing zum Trocknen über dem Korbstuhl, so hing er schon seit mehreren Tagen, trocken und ausgeblichen. Andrea eilte ins Obergeschoß und schlich sich ins Schlafzimmer ihrer Eltern. Das Bett war nicht gemacht, die Decke war auf den Boden gefallen, und es hing ein schwerer Geruch hier drinnen, wie nach Köder. Sie ging zum Fenster und hob das Brandseil von dem großen Haken. Es war schwerer, als sie gedacht hatte. Sie konnte es kaum tragen. Sie dachte an Buffalos Arme, dunkelbraun, fast schwarz. Ihr schien, als sähe sie ihre Eltern unten am Gartentor, wo die Rosenhecke von rotem Duft und Insekten überquoll, aber da war niemand, nichts.

Und Andrea schleppte das Tau bis zum Brunnen hinter dem Haus, wo sie nicht gesehen wurde, in den Schatten unter den Birken, die den Himmel in grüne, unruhige Streifen siebten. Dort gab es einen Baumstamm, um den sie es werfen konnte. Sie schob das eine Ende des Taus durch die Schlaufe und machte eine Schlinge. Dann wickelte sie das Tau in der linken Hand auf, wie sie es Buffalo hatte machen sehen, hielt die Schlinge in der anderen Hand, schloß die Augen. Jetzt bin ich an Bord, dachte sie, jetzt bin ich an Bord eines Schiffs, und das Schiff heißt «Prinz», ich kann spüren, wie es schaukelt, es schaukelt. Sie öffnete die Augen, schwang die Schlinge, so gut sie konnte, und warf. Sie kam nicht weit genug. Die Schlinge fiel ihr direkt vor die Füße. Sie mußte sich beeilen, sie wieder aufzuwickeln. Der Anleger kam immer näher. Sie warf und sah, wie die Schlinge sich um den Stumpf legte, und sie spürte, daß sie auf die gute Art und Weise fröstelte. Fast vergaß sie sich. Etwas löste sich in ihr. Sie lachte und lachte. Dann kam sie schließlich wieder zu sich und wußte, was sie zu tun hatte. Sie zog das Tau stramm, gerade noch rechtzeitig, und die «Prinz» legte sich sanft an den Kai, nicht einmal ein Seufzer war von den Fendern zu hören. Sie zählte nur fünf Passagiere, die an Land gingen, und nur zwei neue kamen an Bord. Kurz darauf hörte sie die Schiffsglocke, sie ruckte einmal mit der Hand, so wie sie es Buffalo hatte machen sehen, aber die Schlinge blieb um den Baumstamm liegen. Das Tau wand sich nur leicht, wie eine braune, behaarte Schlange im Gras. Sie versuchte es noch einmal, fester, schneller. Es nützte nichts. Es ging nicht. Es brannte in der Hand, als umklammerten ihre Finger eine Flamme. Zum Schluß mußte sie zum Baumstamm gehen und die ganze Schlinge abnehmen. Sie dachte an Buffalos Hände, die immer schmutzig waren, das kam sicher von dem Teer, den er benutzte, wenn es geregnet hatte, und seine Hände rochen sicher genau wie die Trosse. Sie ging vier Schritte zurück, drehte sich um, wickelte das Tau auf, schwenkte die Schlinge, warf, öffnete die linke Hand, das Tau rollte heraus, vorbei. Sie zog das Tau wieder zu sich. Die See war jetzt unruhiger. Sie konnte gerade noch das Gleichgewicht halten, die Taurolle in der linken Hand, die Schlinge in der rechten. Sie warf, flach und schnell, und dieses Mal traf sie fast.

Und an jedem Abend in diesem Sommer, außer der Woche, in der sie schwimmen lernen sollte, stand Andrea am Brunnen, im grünen Licht der Birken, und warf die Trosse auf den alten Baumstumpf.

Dann rief die Mutter sie, von der anderen Seite. Es war Abend. Sie waren irgendwo gewesen, sie waren spazierengegangen, und jetzt waren sie zurückgekommen. Andrea hoffte, daß sie immer noch freundlich zueinander waren. Sie ließ das Seil im Gras liegen und lief zum Haus. Die Mutter war in der Küche, bleich, trotz all der Sonne. Das Licht schien durch sie hindurch, sie warf keinen Schatten. Sie hatte eine blaukarierte Schürze umgebunden, und sie war barfuß. Aus irgendeinem Grund machte es Andrea froh, daß ihre Mutter keine Schuhe trug. Sie schaute auf ihren Mund, ob ein Lächeln darauf zu sehen war, ob die Lippen in die richtige Richtung zeigten.

Die Mutter nickte zum Wasserhahn hin.

«Wasch dir die Hände vor dem Essen. Und nimm nicht zuviel Wasser.»

«Die sind nicht schmutzig.»

«Zeig mal.»

Die Mutter nahm ihre beiden Hände, drehte sie herum und schüttelte den Kopf.

«Nicht schmutzig, na hör mal. Wo bist du denn mit denen gewesen?»

Andrea zögerte.

«Beim Brunnen.»

Die Mutter atmete aus, ein lautloses Seufzen. Sie konnte auch mit den Augen seufzen, wenn sie den Blick nach hinten fallen ließ, fast ins Weiße. Sie ließ Andrea los.

«Warum bist du nicht mit anderen Kindern zusammen?»

Die Mutter holte die Milch aus dem Kühlschrank. Ein Hauch von Kälte stand im Raum.

Andrea antwortete nicht. Mit den anderen? Was sollte sie mit denen anfangen?

«Wo wart ihr?» fragte sie statt dessen.

«Wir sind nur spazierengegangen.»

Andrea musterte ihre Mutter genauer.

«Barfuß? Ist Papa auch barfuß gelaufen?»

Jetzt lächelte ihre Mutter, endlich. Ihr Mund wuchs. Das Gesicht dehnte sich aus.

«Quatsch. Ich habe sie ausgezogen, als wir zurückgekommen sind. Meine Füße sind in der Hitze so dick geworden.»

Andrea sah an ihr herunter. Sie konnte es sehen, die Füße ihrer Mutter waren angeschwollen, sie sahen aus wie Teig, wie Hefe, die Zehen schienen viel zu klein, und der Nagel des einen kleinen Zehs war ganz gelb und fast eingewachsen, das sah häßlich aus.

Die Mutter strich ihr schnell über die Wange.

«Beeil dich jetzt. Es ist schon spät.»

Andrea nahm die Brotscheiben und das Milchglas mit auf die Terrasse und setzte sich zu ihrem Vater. Er schrieb langsam ins Notizbuch, radierte eine falsche Uhrzeit aus, pustete den Staub weg und schrieb von neuem.

Er hatte einen Sonnenbrand. Wenn er so dasaß wie jetzt, nach vorn gebeugt, konnte sie durch sein dünnes Haar seinen Kopf sehen, den Schädel, der rosa war und uneben, fast holprig. Und auf der Stirn pellte es, Sturzwellen trockener Haut, die sich immer wieder lösten, eine Lawine im Gesicht, die in der Luft hängenblieb, zu leicht, um zu Boden zu fallen.

«Bisher alles nach Plan», sagte er.

Und dann stand Mutter da, in der Türöffnung zur dunklen Stube. Sie hatte sich jetzt wieder die Schuhe angezogen. Ihr Mund war auch wieder kleiner geworden.

«Die Hände», sagte sie. «Du hast vergessen, dir die Hände zu waschen.»

Andrea lief schnell in die Küche, aber bevor sie den Wasserhahn aufdrehte, roch sie an ihren Fingern. Sie rochen trocken und herb. Schnell steckte sie einen Zeigefinger in den Mund, leckte daran, er schmeckte fast so, wie er roch, und sie dachte an Teer, Teer und Sonne und Hanfkreise.

Dann ließ sie das Wasser über die Hände laufen, die ihr plötzlich viel zu klein erschienen, als wären es gar nicht ihre. Sie hörte ihre Mutter die Treppe nach oben gehen, hörte die Tür, die geschlossen wurde.

Als Andrea wieder auf die Terrasse kam, hieß ihr Vater sie bereits still zu sein, bevor sie etwas gesagt hatte. Sie hatte gar nicht vorgehabt, etwas zu sagen, als wenn sie nicht wüßte, daß sie still sein mußte. Sie setzte sich nur, so vorsichtig sie konnte, hin, trank ein wenig Milch, hatte aber keinen Hunger. Eine Wespe hing über der Scheibe mit Orangenmarmelade, die Flügel waren fast unsichtbar, ein gelber Punkt mitten in einem Sommer. Sie schlug sie mit dem Handrücken fort, ohne Angst, und schaute schnell zu ihrem Vater hinüber. Er lauschte. Er saß mit geschlossenen Augen da und lauschte. Seine Nase war auch rot, eine rote Erhebung im Gesicht. Man konnte denken, er träumte, daß er schlief und träumte. Aber Vater war wach. Vater lauschte, ungeduldig. Seine Augenbrauen gingen ein paarmal schnell nach oben und unten. Dann lächelte er, ein Zucken um den Mund, öffnete die Augen und schaute auf die Uhr. Und jetzt hörte Andrea es auch, das Geräusch, das anwuchs, auf der anderen Seite des Fjords, das sich durch die trokkene Dämmerung, den stummen, blauen Abend schnitt. Und da konnten sie es sehen, das Flugzeug, das von der Rollbahn abhob, fast senkrecht, und Andrea spürte einen Sog im Magen, im Kopf. Sie sah die Passagiere und Stewardessen vor sich, die nach hinten taumelten, das Flugzeug stieg und stieg, dann endlich machte es eine Kurve, eine Weile leuchtete der eine Flügel, rot, ganz rot, bevor das Flugzeug in die dünnen, gelben Wolken im Süden flog und dort verschwand.

Vater schrieb in sein Notizbuch.

«Der letzte Start für heute», sagte er. «Eine DC 8. Kopenhagen. Acht Minuten Verspätung.»

Er steckte sich den Bleistift in die Brusttasche und schaute auf.

«Die hast du auch, Andrea. Geh jetzt ins Bett.»

«Willst du nicht auch schlafen gehen?»

Vater guckte woanders hin.

«Ich bleibe noch eine Weile hier sitzen. Es ist so ein schöner Abend.»

Ein Segelboot lag ruhig mitten auf dem Fjord. Der Wind wartete. Und Andrea ging hinauf in ihr Zimmer im Dachgeschoß. Sie goß aus der Kanne Wasser in die Waschschüssel, steckte ihren Kopf hinein und lachte mit dem Mund im Wasser. Es spritzte um sie herum, sie warf den Kopf nach hinten, atmete aus, lauschte, nichts, kein Geräusch aus dem Schlafzimmer der Eltern, nur eine Wand entfernt, eine dünne Wand, Mutters stummer Schlaf allein im Doppelbett. Andrea hörte nur sich selbst, sie hörte ihre Hände, sie hörte ihr Haar, ihr Herz, ganz schwer. Sie putzte sich schnell die Zähne, verbrauchte nicht zuviel Wasser. Dann zog sie sich aus. Die warme Luft glitt sanft an ihrer Haut vorbei. Es gab in ihrem Zimmer keinen Spiegel, aber sie konnte sich selbst im Fenster sehen, zwischen dem Licht dort drinnen und der Dunkelheit da draußen, so dünn, so schief und so eckig. Andrea stand dazwischen, auf einer dünnen Schwelle aus Glas. Sie konnte erst einschlafen, nachdem sich auch ihr Vater hingelegt hatte. Er kam die Treppe herauf und schlich sich zu Mutter hinein. Jetzt war diese auch wach. Andrea konnte die beiden durch die dünne Wand hören, den Vater, der seine Pantoffeln auf ihren Platz unters Bett schob, die Mutter, die eine Zigarette anzündete und hustete.

«Manchmal habe ich Lust, einfach von allem davonzufahren», sagte sie.

Vaters Stimme war weit weg.

«Sag nicht so was. Bitte.»

«Sag nicht so was. Du und deine lächerlichen Flugzeuge. Kapierst du denn gar nichts?»

Es wurde still. Es war nichts mehr zu hören. Das Sommerhaus in seinen vier Wänden kam zur Ruhe. Andrea schlief leicht. Andrea träumte vom Himmel, daß man ihn anfassen konnte, wenn man hoch genug hinaufkam, die Handflächen auf das Blau legen konnte, vom Himmel, der kalt war wie eine Schlittschuhbahn, bestreut mit Sternen, oder heiß wie eine Herdplatte, die Gott schon vor langer Zeit abzustellen vergessen hatte. Dann fiel sie in einem Flugzeug, in dem sie ganz allein war. Plötzlich stand ihr Vater im Zimmer. Es war noch Nacht. Er beugte sich über sie.

«Hast du mit dem Brandseil gespielt, Andrea?»

Sie zog die Füße zu sich heran.

«Ja», flüsterte sie.

«Wo ist es?»

«Beim Brunnen.»

Vater schüttelte den Kopf und ging schnell zur Tür. Dort drehte er sich um.

«Und wenn es jetzt zu brennen angefangen hätte? Was hätten wir dann tun sollen?«

Andrea schloß die Augen. Dann hörte sie ihren Vater durchs Gras gehen. Als er zurückkam, waren seine Schritte schwer, und er atmete angestrengt. Bald waren wieder alle Geräusche verschwunden, als wäre nichts geschehen. Andrea schlief nicht und war auch nicht wach. Sie befand sich irgendwo dazwischen, so wie sie sich selbst im Fenster gesehen hatte, in dem Licht und Dunkelheit aufeinanderstießen. Und während sie dem Schlaf entgegensank, dachte sie an das, was ihr Vater gesagt hatte: «Und wenn es jetzt zu brennen angefangen hätte?» Morgen würde sie das Tau wieder dort liegenlassen, hinter dem Baumstumpf, in dem hohen Farn versteckt, und wenn das Feuer auf der Treppe ausbrach, kamen sie nicht hinaus, der Vater, der zum Fenster lief und sah, daß der Haken leer war, und die Mutter, die ununterbrochen schrie und versuchte, die Flammen mit ihren nackten, geschwollenen Füßen auszutreten.

Da wachte Andrea auf, erregt vor Freude und Scham. In so einer Nacht ging sie zu ihren Eltern ins Zimmer. Sie schliefen, ihre Gesichter waren entspannt. Sie lagen da wie zwei Fremde, jeder auf seiner Seite, jeder in seinem Traum. Lächelten sie im Schlaf? Oder taten sie nur, als ob sie schliefen? Mutters Finger waren gelb. Asche rieselte vom Nachttisch. Andrea legte vorsichtig ihre Hand auf Vaters rote Stirn, und er drehte sich langsam zur Seite. Und sie sah das Brandseil dort hängen, wo es hängen sollte, am Haken neben dem Fenster.

Am darauffolgenden Tag war sie wieder am Anleger, so früh, daß sie die «Prinz» ganz hinten beim Leuchtturm sehen konnte, in einer Hitzewelle. Die Jungen lagen auf den Felsen und sonnten sich, vor dem Badehaus, die Füße im Seetang. Das Wasser trocknete auf den glatten, braunen Körpern. Dann standen sie auf und liefen um die Wette zum Sprungbrett, einander mit ihrem Lachen übertönend. Andrea setzte sich auf den Poller und wartete. Ihr Kleid war so dünn, daß sie es kaum spürte. Es brannte etwas auf den Schultern. Direkt über dem Knie hatte sie einen Mückenstich bekommen. Sie beschloß, nicht zu kratzen. Und plötzlich wurde ihr klar, daß sie sich wünschte, Buffalo würde danebenwerfen, so daß sie es wäre, die die Trosse an ihren Platz legte. Mit beiden Händen würde sie die schwere Trosse, die nach Salz und Teer roch, aufheben und sie um den Poller legen. Sie und niemand sonst. Andrea hoffte, daß Buffalo traf, und sie wünschte, daß er danebenwerfen würde.

Sie hörte jemanden rufen. Zuerst glaubte sie, es wären die Jungs von den Felsen und wollte sich nicht darum kümmern. Aber sie waren es nicht. Die «Prinz» war schon ganz nah, Buffalo stand an der Reling und rief sie. Andrea fuhr hoch und ging schnell zur Seite. Dann warf Buffalo. Er schwang die Schlinge über dem Kopf, ließ los, traf. Buffalo verfehlte nie sein Ziel. Buffalo traf. Er zog das Tau stramm, bis die «Prinz» an die Fender stieß, an die großen Autoreifen, die dort hingen, schwarze Reifen, die lautlos in der Sonne schnurrten.

Leute gingen an Land. Leute gingen an Bord. Eine alte Dame mit Sonnenschirm brauchte die Hilfe des Kartenverkäufers. Der Eismann zog sich die Mütze über die Ohren und aß ein Nußeis. Der Kapitän putzte seine Sonnenbrille mit einem weißen Taschentuch.

Und Buffalo lehnte sich über die Seitenplanke, klopfte dreimal auf das Tau und schaute Andrea an. Auch sie legte ihre Hand aufs Tau, schnell, es vibrierte, sie fühlte es im ganzen Körper, es kitzelte unter den Füßen.

«Hallo», sagte Buffalo.

Andrea ging noch näher zu ihm hin, vorsichtig, sagte nichts.

«Bist du wieder da?»

Buffalo lächelte.

Andrea nickte.

«Warum gehst du nicht baden?»

Andrea zögerte.

«Ich kann nicht schwimmen.»

Buffalo strich sich mit dem Handrücken über die Stirn, wie er es immer zu tun pflegte, und die Stirn war ganz weiß, während der Rest seines Gesichts braun war, wie altes Leder. Es hieß, Buffalo wäre barfuß quer durch Amerika und wieder zurück gegangen. Er hätte bei den Indianern geschlafen und wäre auf Büffeln die großen Flüsse entlanggeritten. Das alles sagte man über Buffalo, und er hatte eine blaue Tätowierung auf jedem Arm und eine Narbe unter dem linken Auge, die aussah wie ein roter Haken. Jetzt legte er beide Hände auf die Reling, und sie rochen genau, wie Andrea es sich vorgestellt hatte, und noch nach etwas anderem, vielleicht nach Obst, nach weichen Äpfeln im Gras im September.

«Wie heißt du?» fragte Buffalo

«Andrea», sagte sie leise.

«Andrea. Ein schöner Name. Ich habe noch nie eine gekannt, die Andrea hieß.»

Sie sah zu ihm auf. Er lachte sie nicht aus. Er kratzte sich unter dem Auge, als wollte er die Narbe herausreißen.

«Setz dich da nicht wieder drauf», sagte Buffalo und zeigte zum Poller.

Er war nicht böse. Er sagte das einfach so. *Setz dich da nicht wieder drauf.* Andrea nickte.

Dann löste er das Tau von dem Kreuz, ruckte kurz mit den Händen, eine Welle lief durch die Trosse und er zog sie ein, während die «Prinz» rückwärts hinausfuhr. Buffalo winkte ihr zu, bis die Sonne ihn verschluckte. Vielleicht wurde es auch unmöglich, Andrea zu sehen, wie sie dort auf dem Anleger Tangen stand, in dem dünnen weißen Kleid, mitten im Licht, im Juli 1964. Sie winkte noch eine Weile, um ganz sicher zu sein. Dann lief sie nach Hause. Buffalo hatte sie gesehen. Buffalo hatte mit ihr geredet. Jetzt wußte er, wie sie hieß. Andrea. Sie rief ihren Namen beim Laufen. Andrea. Ich bin Andrea.

Die Eltern waren schon fertig mit dem Mittagessen. Mutter lag auf dem Sofa im Wohnzimmer und schlief. Ein Teller mit kalter Makrele stand in der Küche. Andrea aß statt dessen den Gurkensalat, mit den Fingern, ohne sich vorher die Hände zu waschen. Sie horchte kurz, um zu hören, ob die Mutter in der dunklen Ecke wohl aufgewacht war. Stille, das meiste war nur Stille, wie Spinngewebe. Die Milch im Kühlschrank war sauer. Sie trank Wasser vom Wasserhahn und wischte sich den Mund am Kleid ab.

Dann setzte sie sich zu ihrem Vater auf die Terrasse.

Er wartete darauf, daß das nächste Flugzeug starten würde. Er hatte eine Sonnenbrille auf und auf der Nase ein Stück Papier, das er aus einer Zeitung herausgerissen hatte. Andrea beugte sich zu ihm. *Die billigsten Bikinis dieses Sommers nur Kr*, konnte sie lesen. Der Rest fehlte. Sie lehnte sich schnell wieder zurück und versuchte nicht zu lachen. Ihr Vater hörte für einen Moment auf zu schreiben, schaute sie über die Sonnenbrille hinweg an.

«Worüber lachst du?»

Andrea schüttelte den Kopf.

«Über nichts. Ehrenwort.»

Ein Flugzeug stieg plötzlich auf der anderen Fjordseite hoch, ein Schatten aus Silber, der in einem weiten Bogen nach oben stieg, kam direkt auf sie zu, verschwand in den Wolken im Osten und hinterließ einen leisen Donner. Der Vater überprüfte die Zeit und notierte etwas im Buch, seine Hand zitterte leicht.

«Die Caravelle nach Stockholm», sagte er. «Sechs Minuten vor der Zeit. Hast du gesehen?»

Er nahm die Sonnenbrille ab und rieb sich die Augen. Der Papierfetzen blieb dennoch eine Weile hängen, dann fiel er auf den Tisch zwischen ihnen. Seine Nase pellte. Die Augen waren rot. Er sah komisch aus. Andrea tat er plötzlich leid.

«Geht ihr heute abend spazieren?» fragte sie.

Ihr Vater zuckte mit den Schultern.

«Ich glaube nicht», sagte er leise. «Mutter fühlt sich anscheinend nicht wohl.»

«Ist sie krank?»

Jetzt flüsterte auch Andrea. Vater kratzte sich auf der Nase. «Nein, nein. Es ist nur, daß ...»

Er schwieg, starrte seine Finger an, als hätte er vergessen, was er sagen wollte.

«Was hast du da hinten beim Brunnen gemacht? Mit dem Brandseil?»

«Trosse geworfen.»

Vater guckte sie an.

«Trosse geworfen?»

«Ja. Über den Baumstumpf.»

«Ist das was für Mädchen?»

Andrea antwortete nicht.

«Gibt es niemanden, mit dem du zusammensein kannst?»

«Darf ich das nicht?» fragte Andrea schnell.

«Doch, doch. Wenn du nur das Seil hinterher wieder an seinen Platz hängst. Du willst doch nicht, daß wir aus dem Fenster springen müssen, wenn ein Feuer ausbricht?»

«Es bricht kein Feuer aus!»

Vater lachte.

«Natürlich nicht. Ich mache nur Spaß. Pst!»

Ein weiteres Flugzeug startete, direkt in die Sonne, die ihm entgegenkam. Vater schrieb in sein Notizbuch, in die Spalte mit Abflugzeiten und Flugtypen, DC 7, London. Andrea betrachtete seine Hände, sie waren dünn und bleich, mit feinen, gelben Haaren. Selbst die Uhr war zu groß, sie schlenkerte um sein Handgelenk.

«Rate mal, wie lange man von Kopenhagen bis nach Teheran braucht?» fragte er.

Andrea wußte es nicht.

«Mit der SAS Coronado?» fuhr ihr Vater fort. «Rate einfach.»

«Dreißig Stunden?»

«Neun Stunden und zehn Minuten.»

Andrea ging nach oben, schlich sich ins Schlafzimmer der Eltern. Das Bett war jetzt gemacht. Es roch frisch gewaschen und nach Tabak. Vaters braune Pantoffeln standen neben dem Nachttopf. Im Aschenbecher auf Mutters Nachttisch lag eine halbgerauchte Zigarette. Der Filter war rot vom Lippenstift. Das Fenster war offen, die Gardinen wehten leicht, eine weiße Unruhe. Sie hob das Tau vom Haken und nahm es mit zum Brunnen. Dort blieb sie stehen und warf, die schwere Schlinge in der schmalen Hand. Sie mußte näher zum Baumstumpf gehen. Die Erde wogte unter ihr, lange Dünungen. Die meisten waren bereits seekrank, sogar der Eismann. Alle sehnten sich danach, so schnell wie möglich an Land zu kommen. Andrea warf die Trosse, und schließlich traf sie. Die Schlinge legte sich um den Baumstumpf, genau wie am ersten Tag. Sie zog sie so stramm, wie sie nur konnte, und machte das Tau an dem rostigen Eisenring auf dem Brunnendeckel fest. Sie wartete, bis die neuen Passagiere an Bord gekommen waren, da hörte sie direkt hinter sich Schritte: Mutter. Die trug einen Eimer, blieb stehen und ließ ihn ins Gras fallen. Andrea wurde plötzlich schwindlig. Am liebsten hätte sie gesagt, daß alles besetzt sei, daß es keinen Platz mehr gab, sonst würde das Schiff kentern. Sie sagte nichts. Mutter setzte sich auf den Baumstumpf, zündete sich eine Zigarette an, nahm einen tiefen Zug, schloß die Augen und stieß den Rauch wieder aus, langsam in all das Grüne.

Mutter öffnete die Augen und sah Andrea an.

«Meine Güte. Dein Kleid ist ja ganz dreckig!»

Andrea tat, als hätte sie nichts gehört. Sie löste das Tau aus der Schlaufe. Mutter blieb auf dem Baumstumpf sitzen.

«Ich rede mit dir, Andrea.»

Ihr Name klang anders, wenn ihre Mutter ihn sagte, fast wie eine Drohung, ein Fels.

«Ich kann es ja selbst waschen.»

Mutter seufzte, und Rauch floß aus ihrem Mund.

«Was machst du jeden Tag auf dem Anleger?»

«Nichts.»

«Nichts?»

«Guck die Schiffe an.»

«So, so. Aber sei vorsichtig.»

Mutter sagte eine Weile nichts mehr. Ein Flugzeug stieg in die Höhe und verschwand Richtung Süden. Mutter trat die Zigarette mit dem Schuh aus.

«Es kann sein, daß ich vor euch in die Stadt zurückfahre.»

Andrea wandte sich ihr zu.

«Setz dich da nicht wieder drauf», sagte sie.

Mutter lachte auf. Sie sah plötzlich dumm aus.

«Wie bitte? »

«Setz dich da nicht wieder drauf.»

Mutter stand langsam vom Baumstumpf auf. Beide blieben eine Weile so stehen, nur ein paar Meter voneinander entfernt, stumm. Andrea hielt das Tau mit beiden Händen. Bald würde es dunkel werden. Der Farn wogte. Sie konnte den Fjord hören, die Wellen im Tang, den Sog der Strömung.

Schließlich hob Mutter den Eimer auf, der umgekippt im Gras lag.

«Hilfst du mir ein bißchen, Andrea?»

Mutter ging zum Brunnen. Andrea zögerte kurz, dann lief sie hinterher. Sie schoben zusammen den alten Holzdeckel zur Seite, er war voller Spinnen und schwarzer, glänzender Käfer. Andrea beugte sich über den Rand, starrte in den tiefen, fast grünen Schacht. Das Wasser stand tief. Sie konnte gerade noch ihr Spiegelbild sehen. Mutter ließ den Eimer hinunter, ließ ihn ins Wasser kippen, und als er voll war, zogen sie ihn gemeinsam nach oben. Andrea spürte den Sog, würde sie sich ein bißchen weiter hinüberlehnen, dann könnte sie hineinfallen, sie könnte irgendwann einfach fallen, durch den schmalen Schacht, zusammen mit den Spinnen und Käfern, und niemand würde hören, wenn sie aufprallte. Sie schoben den Deckel wieder an seinen Platz. Andrea fror.

«Soll ich den Eimer tragen?» fragte sie.

«Trag lieber das Brandseil.»

Andrea ließ es hinter sich durchs Gras schleifen. Mutter ging einen Schritt vor ihr. Sie verschüttete nicht einen Tropfen.

«Verschwende kein Wasser vom Wasserhahn», sagte sie. «Wir müssen sparen.»

Andrea holte sie ein.

«Warum willst du vor uns abfahren?»

Mutter blieb stehen und nahm den Eimer in die andere Hand.

«Ich muß nur was ordnen. Wir können ein andermal darüber reden.»

Vater kam auf die Küchentreppe heraus. Er starrte sie an, strich sich das dünne Haar nach hinten. Dann drehte er sich langsam um und ging wieder hinein.

In dieser Nacht träumte Andrea, daß kein Wasser mehr im Brunnen war. Als sie den Eimer hinunterließ, war nur ein Dröhnen zu hören, das nicht mehr aufhörte. Und aus dem Wasserhahn tropften nur Schlamm und Rost, als sie davon trinken wollte. Und danach träumte sie, daß der Fjord auslief und daß die «Prinz» vor der Halbinsel auf Grund lief und im Seetang und den trokkenen Muscheln umkippte.

Andrea wachte vom Regen auf. Der Regen war gekommen. Sie stand auf und lief zum Fenster. Regen, so weit sie sehen konnte, Regen, die Heide schwamm, das Gras stieg, jedes einzelne Blatt an den Bäumen war eine grüne Zunge im Regen. Jetzt konnte sie ihr Kleid waschen. Jetzt konnte sie soviel Wasser trinken, wie sie wollte. Sie zog sich schnell an und ging hinunter. Niemand war da. Der Tisch im Wohnzimmer war gedeckt,

Reste eines Frühstücks lagen noch dort. Eierschale auf der blauen Decke. Eine zusammengeknüllte Serviette. Sie probierte von dem kalten Kaffee in Mutters Tasse, konnte ihn aber nicht hinunterschlucken. Eine Zeitung auf dem Boden. Hatte sie verschlafen? War es schon spät am Tag? Das machte nichts, wenn sie nur rechtzeitig zur «Prinz» hinunterkam. Vielleicht konnte sie sich von ihrem Vater einen Regenschirm leihen, einen schwarzen Herrenregenschirm? Die Sonne war Mühe. Regen war Ruhe. Regen war Freiheit. Sie konnte machen, was sie wollte. Sie konnte durch den Regen laufen, bis ihr schmutziges Kleid sauber war. Aber als sie hinauslaufen wollte, stand plötzlich ihre Mutter in der Tür und versperrte ihr den Weg zur Terrasse.

«Wohin willst du?»

Andrea blieb stehen und sah sie an. Sie war nicht naß. Sie mußte die ganze Zeit dort gestanden haben, unter der Markise.

«Zum Anleger.»

Mutter lächelte und kam näher.

«Hast du es vergessen, Andrea?»

Andrea bekam plötzlich Angst. Sie trat einen Schritt zurück.

«Was?» flüsterte sie.

Jetzt stand ihr Vater auch da. Sein Gesicht war voller Regen. Das Haar lief ihm den Kopf hinunter. Mutter wandte sich ihm zu und lachte.

«Sie hat es vergessen. Worauf sie sich doch so gefreut hatte.»

Vater schüttelte den Regen ab.
«Dann mußt du sie wohl daran erinnern.»
Mutter hockte sich vor Andrea, legte ihre Arme auf ihre Schultern.
«Du sollst schwimmen lernen. Heute fängt die Schwimmschule an.»
Andrea starrte an Mutter vorbei. Vater trocknete sich das Gesicht mit einem Taschentuch ab.
«Es regnet», sagte sie.
«Na, und? Hol deinen Badeanzug.»
«Es regnet», wiederholte Andrea.
Mutter bekam diesen ungeduldigen Zug um den Mund, seufzte mit den Augen.
«Naß wirst du ja sowieso, oder? Und du darfst mein großes Handtuch ausleihen.»
Andrea senkte den Kopf.
«Ich habe keine Lust», flüsterte sie.
«Du hast keine Lust? Willst du die einzige sein, die nicht schwimmen kann?»
Andrea schloß die Augen. Jetzt schaffte sie es nicht mehr zur «Prinz». Jetzt mußte Buffalo allein werfen. Und wenn Buffalo jetzt vorbeiwarf?
«Ich kann nicht», sagte sie.
«Du kannst nicht? Was sagst du da?»
«Ich habe gerade gegessen.»
«Das stimmt doch gar nicht. Und jetzt gehen wir!»
Mutter trug die Tasche mit dem Badeanzug, dem Schwimmgürtel, der Thermoskanne und dem Handtuch, und Vater ging neben ihr her und hielt den Regenschirm

über sie, während er selbst wieder naß wurde. Er wollte auch mit dabeisein, obwohl er sonst nie an den Strand ging. Andrea konnte sich nicht daran erinnern, ihren Vater überhaupt jemals schwimmen gesehen zu haben. Mutter nahm ihren Arm, als hätte sie Angst, daß Andrea weglaufen könnte.

«Nächstes Jahr kannst du dann deinen Freischwimmer machen», sagte Mutter. «Stell dir nur vor!»

Die anderen waren bereits angekommen. Sie standen im fußtiefen Wasser und zitterten, zusammengekrümmt und unruhig. Sie umklammerten sich selbst, vier Mädchen und ein Junge, blaugefrorene Schatten zwischen Regen und Tiefe.

Und Andrea sah die «Prinz» dort draußen vorbeigleiten, hinter den Tropfen. Buffalo lehnte sich an die Reling, er trug einen grünen Südwester, und er sah sie nicht, denn er konnte ja nicht wissen, daß sie gerade hier war, und Andrea hätte ihm fast zugewunken, entschied sich dann aber schnell anders und legte die Hand lieber auf den Rücken.

Mutter lächelte zu ihr hinunter.

«Kennst du jemanden?»

Andrea schüttelte den Kopf. Die «Prinz» verschwand hinter einer Schäre.

Sie mußte sich im Badehaus umziehen. Langsam zog sie sich aus. In die Wand waren Namen, Herzen und Pfeile geritzt, und ein paar Worte, die sie nur stumm vor sich hinsagen mochte, sie guckte woandershin, wollte nichts mehr davon sehen. Es roch eklig hier, wie im

Schlafzimmer der Eltern, wenn sie nicht gelüftet hatten, oder auf dem Plumpsklo abends. Auf dem Boden lagen eine leere Zigarettenpackung und ein flachgedrückter Bierverschluß. Jemand hatte seine Tauchermaske liegenlassen. Im Glas war ein Riß, vielleicht hatte jemand keine Lust mehr gehabt, sie so zu benutzen, und sie einfach hier hingeworfen. Andrea zog sie sich übers Gesicht und setzte sich in eine Ecke. Sie hörte den Ton einer schrillen Pfeife. Er schien weit weg zu sein.

Die Tür ging auf. Das war ihre Mutter.

«Kommst du nun bald?»

Andrea sah sie an, durch das gesprungene Glas hindurch. Mutter war ein schiefer, magerer Fisch auf dem Grunde des Meeres, sie stand aufrecht auf ihrer Schwanzflosse vor der Kabine eines gesunkenen Schiffes.

«Mein Gott, was machst du da?»

«Ich kriege den Schwimmgürtel nicht um.»

Mutter zog Andrea hoch, riß ihr die Tauchermaske ab und zog den Schwimmgürtel stramm. Andrea fühlte den Knoten im Rücken, wie einen Reißnagel auf der Haut.

Dann ging sie zum Wasserrand und stellte sich dort hin, ganz hinten. Andrea war die Älteste. Verstohlen sahen sie einander an, versuchten zu lächeln, mit blauen Lippen, die vergessen hatten zu reden und im Mund verschwunden zu sein schienen. Auf der Mole daneben standen die Eltern, in dicken Pullovern, Regenzeug, Handschuhen, Gummistiefeln, unter Regenschirmen. Sie rauchten Zigaretten und tranken aus großen Bechern Kaffee und riefen aufmunternde Sprüche, klatschten in die Hände und lachten. Und der umherreisende Schwimmlehrer trug einen gelben Trainingsanzug, der unter seinem durchsichtigen Regenumhang zu sehen war, um den Hals hatte er eine Pfeife hängen, und in der Hand hielt er einen Bootshaken. Mit dem schubste er sie, einen nach dem anderen. Andrea fühlte den Haken an den Schultern, und dann mußten sie ins Wasser gehen. Die Kälte stieg jäh in ihr auf, wie ein Stoß von den Füßen bis an die Stirn. Sie hörte die heisere Stimme des Schwimmlehrers, taucht, taucht, ihr Angsthasen, und das Lachen aller Eltern, und Andrea beugte sich vor in das kalte, graue Wasser. Eine Welle traf ihr Gesicht, einen Moment lang konnte sie nicht mehr atmen, ruderte mit den Armen, strampelte mit den Beinen, stand mit einem Schrei auf und stellte fest, daß sie immer noch Grund hatte, das Wasser ging ihr erst bis zu den Knien, der Schwimmgürtel war schwer und klebte an ihrem Körper, und der Knoten brannte am Rücken.

Der Schwimmlehrer hatte sich hingehockt und rief durch den kalten Regen.

«Weiter raus mit dir! Du bist hier nicht in der Badewanne!»

Er kippte Andrea mit dem Bootshaken um und schob sie auf die Wellen zu, am Sprungbrett vorbei, und Andrea schloß die Augen und ließ sich auf der Seite tragen wie ein schiffbrüchiger Vogel. Ihr war, als würde sie tief im Wasser einen Motor hören, und dem lauschte sie, das war fast schön. Sie wollte noch weiter hinaus, dorthin, wo sie sie nicht mehr kriegen konnten. Sie versuchte, sich mit den Füßen abzustoßen, und formte die Hände vor sich zu einem flachen Speer. Da fühlte sie wieder den Bootshaken, das Metall unter dem Band des Schwimmgürtels, und sie wurde zurück ans Land gezogen. Dort wickelte ihre Mutter sie ins Handtuch, und die fünf anderen wurden in ebenso große Handtücher eingepackt, fünf weiße Gesichter, die zitterten. Und noch einmal sahen sie einander an, nur mit einem Blick, während die Mütter sie so fest abtrockneten, daß es weh tat, und die Väter ihnen die Rücken zuwandten, im Regen rauchten und den Schwimmlehrer für sechs Stunden bezahlten, und dieser zählte das Geld immer wieder nach.

Und so vergingen die Tage in der Woche, in der Andrea nicht am Anleger war, wenn die «Prinz» anlegte. Es regnete weiter, der Schwimmgürtel wurde immer schwerer, der Knoten fester und immer fester, und das Wasser kälter denn je. Der Junge war der erste, der aufgab. Niemand sagte etwas, als er an Land krabbelte, seine Sachen holte und sich davonmachte, den Schwimmgürtel in der Hand, mit gesenktem, fast weißem Nacken, dünner als Glas, allein. Denn die Eltern hatten mit der Zeit das Interesse verloren, sie kamen nicht mehr, sie hatten andere Dinge zu tun, und bald war es nur noch der umherreisende Schwimmlehrer, der auf der Mole stand, er wurde ungeduldig und mürrisch, er bellte, rauchte immer mehr Zigaretten und stieß sie so fest mit dem Bootshaken, daß sie fast untergingen. Und wenn Andrea sich abends ins Bett legte, hatte sie blaue Flecken auf der Haut und eine tiefe Mulde vom Knoten direkt auf dem

Rücken, genau dort, wo sie mit der Hand fast nicht mehr hinkam.

Am letzten Tag kletterte der Schwimmlehrer von der Mole herunter, zog sich Schuhe und Strümpfe aus, krempelte die Hosenbeine seiner Trainingshose auf und wagte sich hinaus, mit dem Bootshaken als Stock.

«Weg mit den Schwimmgürteln!» rief er. «Jetzt wird es ernst!»

Sie mußten einander helfen, die Knoten aufzukriegen. Es regnete immer noch, es hörte einfach nicht auf zu regnen, ihre Finger waren weiß, weich und schrumpelig, wie Löschpapier. Sie fummelten und froren, so standen sie da, fast nackt, und der Schwimmlehrer blies in seine Pfeife, und sie ließen sich fallen, alle zugleich, in das harte Wasser, und sie schwammen, sie schwammen wirklich. Andrea schaffte vier Züge, dann mußte sie mit den Füßen nach unten, und sie tat, als würde sie schwimmen, während sie auf dem Grund entlangspazierte, zwischen den Muscheln, den Algen und den Steinen. Und zum letzten Mal spürte sie, wie der Bootshaken sie schubste, sie zog, sie brandmarkte.

«Hoch mit den Füßen, du Schwindlerin! Mich schmierst du nicht an!»

Andrea stand statt dessen auf und watete am Schwimmlehrer vorbei. Er versuchte, sie aufzuhalten, aber Andrea stieß den Bootshaken in seine Richtung, er verlor das Gleichgewicht, fiel nach hinten über, mit einem lauten Platscher, und Andrea holte ihre Kleider und ihr Handtuch, drehte sich nicht einmal um. Sie ging zum Sommerhaus hinauf, ohne sich ein einziges Mal umzudrehen.

Vater saß auf der Terrasse, in Regenzeug. Der Korbstuhl war leer, Mutters Badeanzug fort. Andrea blieb stehen. Ihr Vater schaute auf seine Notizen, die linierten Seiten waren naß von schweren Tropfen.

«Viele Verspätungen», flüsterte er. «Das ist das Wetter. Schwierige Verhältnisse.»

«Wo ist Mutter?»

«Im Schlafzimmer. Stör sie nicht.»

Vater spitzte den Bleistift an, bis dieser abbrach, und er wieder von vorn anfangen mußte.

«Haben wir Teer?» fragte Andrea.

«Teer? Vielleicht im Schuppen.»

Vater sah sie einen Augenblick lang an, ein Lächeln breitete sich auf seinem Gesicht aus.

«Hast du nun schwimmen gelernt?»

Sie nickte.

«Schön.»

Vater beugte sich wieder über sein Notizheft, das Geräusch eines Flugzeugs sank durch den Regen. Andrea hängte den Schwimmgürtel über den Korbstuhl und schlich sich nach oben, blieb vor dem Schlafzimmer der Eltern stehen. Drinnen hörte sie Schritte, die hin und her gingen. Andrea bückte sich und guckte durchs Schlüsselloch. Mutter packte einen Koffer. Sie strich ein grünes Kleid glatt und legte es vorsichtig hinein. Sie holte drei Paar Schuhe aus dem Schrank, schob sie in kleine Stofftüten und legte sie obenauf. Zum Schluß stopfte sie den verschossenen Badeanzug hinein, entschied sich dann aber anders, zog den Badeanzug wieder heraus und warf ihn in den Papierkorb neben dem Waschtisch. Mutter nahm einen schnellen Zug von einer Zigarette, die im Aschenbecher glimmte, drückte den Kofferdekkel hinunter und verschloß alle Schlösser. Dann setzte sie sich aufs Bett und rauchte ihre Zigarette zu Ende.

Andrea traute sich nicht, zu ihr hineinzugehen. Sie traute sich nicht, das Brandseil zu holen. Sie mußte es morgen teeren, morgen konnte sie es teeren, nachdem sie bei Buffalo gewesen war. Andrea legte sich statt dessen in ihr Bett, obwohl es noch früh war, fast mitten am Tag oder nur wenig später. Wenn sie kommen würden und fragen, warum sie hier läge, könnte sie ja sagen, sie wäre krank, sie hätte Fieber bekommen, weil sie eine ganze Woche im kalten Wasser stehen mußte, sie hätte Rückenschmerzen. Sie brauchte ihnen nur die vielen blauen Flecken vom Bootshaken zu zeigen. Es kam niemand. Sie hörte niemanden, nur den Regen, der aufs Dach fiel, die ganze Zeit hörte sie den Regen auf dem Dach, am Fenster und in den Bäumen. Dann schlief sie doch ein.

Sie wachte davon auf, daß sie im Bett saß und die Worte, die sie an der Badehauswand gelesen hatte, laut aufsagte, die Worte, die die Jungs dort eingeritzt hatten, mit dem Messer oder vielleicht auch mit einer Glasscherbe. Sie verbarg ihr Gesicht in der Decke. Ob sie jemand gehört hatte? Es war ganz still. Es regnete nicht. Sie schob die Decke zur Seite. Vielleicht hatte sie sie nur in Gedanken gesagt, diese anderen Worte? Da sah sie ein Päckchen auf dem Nachttisch liegen. Sie riß das Papier auf, es war ein längliches Etui, und in dem Etui lag eine Uhr. *Certina*, mit einem roten, geflochtenen Nylonarmband. Auf dem viereckigen Zifferblatt standen ein paar winzige Buchstaben. Andrea las sie, einen nach dem anderen, jeden für sich. *Waterproof*, sie wußte nicht, was das Wort bedeutete, und sie wußte nicht, warum sie ein Geschenk bekam, es war doch ein ganz normaler Tag, der dritte August 1964, und die Uhr zeigte zwölf nach zehn.

Sie band sie sich um und lief nach unten, Vater saß nicht auf der Terrasse, nur sein Notizheft lag da, naß und unleserlich. Der Schwimmgürtel hing über dem Korbstuhl. Sie hatte auch Mutter nirgends gehört. Sie rief nach beiden, leise, sie kamen nicht, niemand antwortete. Sie wartete eine Weile. Die Luft war kühl und klar, sie konnte die Tannennadeln an der Kiefer oben bei dem Fahnenmast zählen. Eine schräg wehende Brise erzeugte hohe Wellen auf dem schwarzen Fjord. Dann konnte sie nicht mehr warten. Die Uhr zeigte fünf Minuten nach halb elf. Sie zog sich eine alte Jacke über, knöpfte sie bis obenhin zu und machte sich langsam auf den Weg zum Anleger. Jetzt, wo sie eine Uhr hatte, brauchte sie sich nicht mehr zu beeilen.

Und Andrea sah Buffalo an Deck, mit der Trosse in der Hand, und die «Prinz» glitt auf den Kai zu, Buffalo warf, der Geruch von Teer breitete sich in alle Richtungen aus, und Buffalo traf.

Andrea ging zu ihm, während er das Tau strammzog. Es knackte im Tau. Buffalo sah zu ihr auf. Er hatte einen Schal um und Handschuhe an.

«Hallo, Andrea. Wo bist du gewesen?»

Er hatte sie nicht vergessen.

«In der Schwimmschule.»

Es gingen mehr Passagiere an Bord, als herauskamen. Bald war es Herbst. Der Eismann wandte ihnen den Rücken zu.

«Warum teerst du das Tau?» fragte Andrea.

«Damit es nicht reißt», erklärte Buffalo.

Der Kartenverkäufer läutete mit der Schiffsglocke.

Buffalo sah sie wieder an.

«Hast du schwimmen gelernt?»

«Fast.»

Buffalo lachte und löste den halben Stek.

«Entweder du kannst schwimmen, Andrea. Oder du kannst es nicht.»

Und noch einmal tanzte die Trosse, die Schlinge hob sich vom Poller, und er zog sie über die Reling ein. Die «Prinz» fuhr rückwärts los, und Buffalo winkte. Sie winkte ihm auch zu, aber irgend etwas brachte sie dazu, sich umzudrehen. Vielleicht weil der Kartenverkäufer die Pforte zur Gangway wieder geöffnet hatte, Andrea drehte sich um und hörte sie im gleichen Moment, in dem sie sie erblickte. Von oben den Weg herunter kam Mutter, sie versuchte zu laufen, der Koffer schlug ihr gegen die Hüfte, während sie mit dem anderen Arm winkte und dabei rief.

Andrea sah all das, Mutter, die das Schiff noch erreichen wollte, das leere Sprungbrett, Buffalo, der das Tau wieder einrollte, jede Runde wurde kleiner in seiner Hand, sie sah die «Prinz», die umkehrte, und sie hörte das Rufen und Lachen der Mutter vom Badehaus. Andrea lief zum Schuppen und versteckte sich dort, hockte sich hinter die Briefkästen. Mutter hatte sie nicht gesehen. Jetzt blieb ihre Mutter am äußersten Ende des Anlegers stehen, ließ den Koffer sinken und mußte mehrere Male tief Luft holen. Sie hatte eine Sonnenbrille auf. Die Uhr zeigte vier nach elf. Die Gangway wurde bereitgemacht. Buffalo hob seinen Arm, nahm Schwung, aber einen Augenblick lang zögerte er, denn statt auf den Poller starrte Buffalo Andrea an, und als er warf, ließ er zu früh los, und Buffalo warf daneben. Andrea stand auf, zögerte, aber sie hatte den Entschluß für sich schon vorher gefaßt, und was dann geschah, wußte hinterher niemand genau zu sagen, denn alles ging so schnell. Der Kartenverkäufer behauptete, sie wäre über die Trosse gestolpert, der Kapitän meinte, sie wäre von allein hingefallen, weil der Anleger nach einer Woche Regen so glatt war, und der Eismann hat nie ein Wort darüber verloren. Aber Andrea war vorgelaufen und wollte die Schlinge an Ort und Stelle legen. Andrea mußte helfen, weil Buffalo das Ziel verfehlt hatte. Mutter drehte sich zu ihr um, überrascht und mit einem Schrei, noch bevor es geschah. Als Andrea sich hinunterbeugte, um die Schlinge aufzuheben, zog Buffalo sie zu sich, und Andrea ließ nicht los, denn Andrea wollte helfen. Sie wurde mitgezogen und fiel ins Meer, in den schwarzen, wirbelnden Schaum zwischen den Fendern und der Fähre.

Fünf Tage lang wurde der Meeresgrund nach Andrea abgesucht. Buffalo musterte für immer ab, er wandert die Strände und Felsen entlang, eine Trosse tragend. Vor den Fenstern des Sommerhauses sind die Fensterläden zugenagelt. Auf dem Tangen-Anleger steht ein Koffer, und irgendwo, tief unten im Fjord, vergeht die Zeit immer noch.

Weitsprung aus dem Stand

Am letzten Abend des Seminars, dem berühmten Samstag, der Wäscheleine der Freude und dem Seitenwind des Rauschs, vor der großen Trockentrommel des Sonntags, trafen sie erneut aufeinander, in der Bar. Der Zufall ist ein befangener Richter, dachte Jan. Zwei freie Stühle standen für sie bereit. Sie setzten sich. Jan bestellte. Sie wollte bezahlen. Die Musik war eine Spur zu laut, etwas Schwedisches, sie waren in der Gegend. Sie bekamen ihre Getränke. Sie prosteten sich zu. Sie versuchten ein Gespräch über das Tagesthema in Gang zu bringen, kreatives Schreiben in der Schule, begriffen aber schnell, daß sie sich zu diesem Zeitpunkt zu einig waren, als daß etwas dabei hätte herauskommen können. Es ist auch ein Grundrecht des Menschen, keine Gedichte schreiben zu müssen. So sahen sie es beide. Sie prosteten sich erneut zu, diesmal auf die Sachlichkeit. Jan bestellte noch mehr zu trinken. Er konnte es einfach nicht fassen, daß es möglich war, zwei Jim Beam gleichzeitig zu bekommen, ja, gern auch drei oder vier auf einmal, aber im gleichen Glas, also einen reellen doppelten Whisky, das war unmöglich! «Das wäre doch ein Aufsatzthema», sagte Jan. Sie ging zur Toilette und blieb ein klein wenig zu lange fort. Jan dachte sich seinen Teil. Das Salz von den Erdnüssen klebte an seinen Fingern. Es brannte auf den Lippen, als er sie ableckte. Er trank. Jemand begann zu singen. Es war die laute Stunde, das panische Interregnum zwischen Sperrstunde und Schlaf, zwischen Flachmann und Pay-TV. Die Arterien wurden in jeder Sekunde enger. Dann kam sie doch noch zurück. Jan meinte einen stärkeren Duft an ihr zu verspüren, er erinnerte ihn an Kräuter, er kam nicht auf den Namen, vielleicht Basilikum. Er rückte ihr näher, nicht auffallend und aufdringlich, nur eine leichte Gewichtsverlagerung, eine diskrete Justierung des Gleichgewichts. Die letzten Drinks standen auf dem Tresen. Sie trank das halbe Glas leer. Er ließ sich nicht lumpen. Die Eisstücke hatten keine Chance zu schmelzen. Mit einem Mal bekam er Lust, sie zu fragen, ob sie Jugendliche überhaupt mochte, mal ehrlich. Er fragte nicht.

«Ich kann sie nicht ausstehen», sagte er.

«Wen?»

«Die Schüler.»

Es war ihm klar, daß er zu laut gesprochen hatte, jetzt, wo die Musik zu Ende war. Alle redeten laut, aber er sprach am lautesten von allen. Jemand guckte verstohlen zu ihnen herüber.

«Die Schüler», flüsterte er.

«Na, na», sagte sie.

«Es stimmt. Ich kann sie nicht ausstehen.»

Er hatte wieder lauter gesprochen. Sie legte ihm eine Hand aufs Knie.

«Mach dich nicht selbst so alt», sagte sie.

Die Lichter begannen zu blinken, dieses elektrische Ritual, die Warnlampen der Nacht, bevor die Stühle auf den Tisch gestellt wurden, vor Geständnis und Kotzen. Ein Studienrat lag auf der Auslegeware, sein Anzug hatte die gleiche Farbe, sein Gesicht auch. Jan entdeckte ganz hinten im Lokal über einer Tür ein grünes Schild: NOTAUSGANG. Er berührte ganz leicht ihre Hand. Sie schlichen sich unbemerkt in sein Zimmer. Er hatte noch mehr Whisky. Natürlich hatte er mehr Whisky. Er zog die Flasche aus dem Koffer, holte zwei Gläser aus dem Bad und goß ein, diesmal Doppelte, hier war alles erlaubt. Sie setzte sich aufs Bett. Er blieb stehen. Sie tranken.

Sie sagte:

«Ein großer Koffer nur für ein Wochenende.»

«Man kann nie wissen.»

Sie lächelte.

«Was wissen?»

«Das weiß man ja gerade nicht.»

«Du bist also mit anderen Worten ein vorsichtiger Mann, der große Koffer mag?»

«So in etwa, ja.»

Jan goß mehr Whisky ein. Er dachte: Jetzt höre ich auf zu denken. Das ist definitiv. Ein Massensterben im Kopf. Das war die große Pause, eine Nacht in einem Hotel in Norwegen, in einem Hotel, das allen anderen Hotels in Norwegen zum Verwechseln ähnelte, ohne jede Besonderheit, die Kalender waren die einzigen Kunstwerke an der Wand, eine Verwahrstelle für die Reisenden, eine Transithalle für die Einsamen, ein Asyl für die

Seminarteilnehmer einer norwegischen Schule. Er schaute aus dem Fenster, Østfold pur: ein paar schmutzige Äcker, Autowracks, Benzinpumpen, ein Angebot für Frostschutzmittel, eine Videothek, Bruce Lee, Van Damme, ein Imbiß. Das war wie eine Welt in Klammern. Er wandte sich ihr zu. Sie sah ihn an, nickte, als wären sie sich gerade über etwas einig geworden. Sie zogen sich ihre Kleider aus und fielen aufs Bett. Das war mißglückt. Das war bereits von Anfang an mißglückt. Es ähnelte einer Schlägerei, die niemand zu gewinnen vermochte, weil sie beide zu müde waren oder einfach weil sie beide nicht wütend genug aufeinander waren. So war das. Es war durch und durch erbärmlich. Ein Hörspiel, dachte Jan plötzlich. Er hatte Lust, es laut herauszurufen: ein Hörspiel! Der Rundfunk sendet! Das einzige, an das er sich später erinnern konnte, wenn er versuchte, diese Nacht zu vergessen und alles, was mit ihr zusammenhing, war, daß sie für einen Augenblick ihre Stirn auf seine Brust legte, wie eine Art Aufgabe, eine Ruhe, die Wahrheit eines Moments. Möglicherweise konnte sie sein langsames Herz hören. Er konnte das Blut in ihren Schläfen spüren. Dann zog sie sich an, und er bat sie nicht zu bleiben. Keiner von beiden wollte am nächsten Morgen gern im gleichen Bett wie der andere aufwachen. Höchstwahrscheinlich würden beide es am nächsten Morgen so lange wie möglich hinauszögern, bevor sie in den Frühstücksraum hinuntergingen. Sie würden sich an getrennte Tische setzen, so weit voneinander entfernt wie möglich, in ihrem Ei herumstochern, immer wieder ein frisches Glas mit Saft holen, Orangensaft, Ananassaft, Apfelsaft, alles, was flüssig war, und wenn sie etwas sagen mußten, beispielsweise an der Rezeption, einen letzten Satz, eine abschließende Äußerung im Seminar über kreatives Schreiben in der Schule, eine Replik, die sie einstudiert hatten, seit sie im inneren Exil von Østfold aufgewacht waren, würden sie es doch nicht hinbekommen. Sie würden einfach nur dastehen, verlegen, vielleicht sogar verschämt, wie zwei Taschendiebe, die einander gerade die letzten Groschen geklaut hatten.

Deshalb zahlte Jan sein Zimmer schon ganz früh am nächsten Morgen, vor dem Frühstück, vor den Zusammenfassungen und dem sonstigen. Das war feige. Das war notwendig. Er bezahlte für die Minibar, drei Farris, zwei Bier und eine Toblerone, und ging hinaus in den Regen, immer noch nicht ganz nüchtern, immer noch mit einer scheinbaren Ruhe, fast leichtsinnig, das wurde ihm plötzlich bewußt, ja, leichtsinnig war das richtige Wort an diesem Morgen, und gleichzeitig wußte er, daß sie nicht andauern würde, diese falsche Ruhe, diese schlaftrunkene und beschwipste Leichtsinnigkeit. Ein Angriff aus dem Hinterhalt würde bald kommen, grausam und präzis. Es war nur eine Frage der Zeit. Er klammerte sich an seinen Koffer. Er ging die E 6 entlang, der Asphalt war naß, ein grauer Spiegel mit einem schmutzigen, gelben Rand. Zu beiden Seiten erstreckten sich schwarze Äcker, und über allem hing ein schiefer Himmel. Er sah aus wie eine Furnierplatte, die vor das Fenster eines verlassenen Hauses genagelt wurde, in das niemand mehr zurückkehren wollte. Er ging durch eine Einöde. Genau das dachte er: Ich gehe durch eine Einöde, und es ist Sonntag. Der einzige Trost ist jetzt der Regen. Solange es Regen gibt, gibt es Hoffnung. Solange es regnet. Ein Regenschirm bedeutet Unglück. Laß es regnen. Er blieb mitten auf der Straße stehen. Er war der einzige Mensch hier. Eine Vogelscheuche am Horizont. Er ließ den Koffer los. Ein paar Krähen flogen hinter ihm auf und vermischten sich mit dem Regen. Er trat gegen das Schloß. Er stand auf der E 6 und trat wütend gegen einen Koffer. Das, was ich trage. Das, was ich mit mir herumschleppe. Pyjama, Kulturtasche, unleserliche Notizen, Bleistifte, ein Paar Strümpfe extra, der Gestank nach Whisky, das Hotelshampoo. Alles so lächerlich, so kleinlich. Er ergriff den Koffer wieder, mit beiden Händen, und warf ihn aufs Feld, so weit er konnte. Der Koffer flog schräg durch die Luft, das Schloß öffnete sich, es war ein merkwürdiger Anblick, an einem Sonntagmorgen in Østfold, als die Sachen zu Boden fielen, in dem windstillen Regen. Wie ein Flugzeugunglück, dachte er, eine Katastrophe, verstümmelte Menschen, verbrannte Haut, abgerissene Köpfe, eine Hand, ein Schuh mit einem Fuß darin. Dann landete der Koffer in dem schwarzen Matsch, ein leerer Koffer mitten auf einem Acker. Das war alles. Er blieb im Regen stehen. Es tropfte. Er starrte vor sich hin. Er hob die Hände vors Gesicht. Was habe ich getan? Wer hat den Koffer geworfen? Wer in mir hat den Koffer so weggeworfen? Er watete aufs Feld hinaus, sammelte seine Sachen wieder zusammen, zog den Koffer aus dem Schlamm heraus, stopfte alles hinein und konnte das Schloß zudrükken. Er schleppte sich wieder zurück auf die Straße. Er sah schlimm aus. Schwer vom Regen und von der Erde gezeichnet. Er konnte zurück zum Hotel gehen. Er konnte weitergehen. Aber stehenbleiben konnte er nicht.

Auf dem Bahnhof von Råde bekam er einen Zug. Sobald er sich hingesetzt hatte, schlief er ein und wachte erst im Osloer Hauptbahnhof auf, kalt und verfroren. Ein Schaffner half ihm, mit dem Koffer auf den Bahnsteig hinunterzusteigen, so einen verkommenen Eindruck machte er also, ein Mann, der in seinen besten Jahren hätte sein sollen. So kann ich nicht nach Hause kommen, dachte er. Nein. Unmöglich. Abfahrtszeiten und Gleisnummern wurden kaum verständlich über die Lautsprecher ausgerufen, es klang wie eine andere Sprache, und ihm kam plötzlich der Gedanke, daß er im Ausland wäre, er war ein Tourist und würde bald seine Reisegruppe finden. Er mußte sich waschen, seine Kleider waschen, die Kleider trocknen, und nicht nur sie, er mußte auch den Koffer saubermachen, überhaupt, er konnte so nicht nach Hause kommen, ausgeschlossen, vollkommen ausgeschlossen. Das würde Erklärungen erfordern. Das wäre unangenehm. Das würde den Rest des Tages so gehen, vielleicht die ganze Woche. Nicht auszuhalten. So würde es laufen. Er war nicht gut in so was. Er war aus der Übung, wenn es ums Lügen ging. Er hatte seine Phantasie aufgebraucht, und sachlich war er auch nicht mehr. Denn Lügen müssen immer auch ein Körnchen Wahrheit beinhalten, eine Notwahrheit. Und wenn er sagte, was ja der Wahrheit entsprach, daß er einfach den ganzen Koffer auf einen Acker in Østfold geworfen hatte, würde sie natürlich fragen, warum, wer würde das nicht, und dann könnte es passieren, daß er die Antwort schuldig bliebe. Seine Erklärungen müßten in der Zeit zurückgehen. Die Wahrheit erforderte eine Lüge. Die Wahrheit allein genügte nicht.

Im Postkafé-Hotell nahm er sich ein Zimmer. An der Rezeption stellte niemand Fragen, er brauchte kein Formular auszufüllen. Es war der Ort des Bargelds, die Ecke der harten Währungen. Erst als Jan sagte, daß er das Zimmer nur bis zum Abend brauchte, schaute der Mann hinterm Tresen auf. Ob er allein war? Jan war allein, das konnte er ihm versichern. Er war nur ein wenig naß. Und schmutzig. Ein Mißgeschick. Deshalb. Er schwieg jäh. Er stand da und rechtfertigte sich, als wenn das notwendig wäre. Ich bin allein, ja, wiederholte er. Warum? Nun, nichts. Er bekam einen Schlüssel und trug den Koffer zum Zimmer Nr. 309, schloß auf, machte die Tür hinter sich zu und fiel aufs Bett. Die Uhr zeigte eins, es war Sonntag, im Oktober. Ihm war zum Lachen zumute, an der Grenze zum Weinen, ein rostiger Regenbogen, eine Gleichgültigkeit, die an dem Dunklen in ihm schabte. Er betrachtete den raschen Fall der Uhrzeiger zur halben Stunde hin und die träge Bewegung zur vollen Stunde hinauf, eine Art Ausgleich, die Anatomie der

Sekunden. Die Zeiger sind keine Arme. Die Zeiger sind Krücken. Wieder ein Kalender an der Wand, Reklame für die Fähre nach Dänemark. Ein Fernsehapparat. Brandlöcher von Zigaretten auf der Auslegeware. Eine Delle im Kopfkissen, ein gelber Schatten auf dem Laken. Ein Hotelzimmer in Oslo, in der Stadt, in der er geboren und aufgewachsen war. Es roch nach Scheidung, nach Scheidung und Verbrechen, hoffnungslose Unterschlagung. Geldwäsche, Flucht.

Das ist neutral, dachte er und glaubte es selbst nicht. Das ist bedeutungslos, problemlos. Er zog sich aus, duschte, wusch seine Kleider durch, hängte sie an die Heizung, wischte den Koffer mit dem Badehandtuch ab, stellte den Fernseher an und legte sich wieder hin. Hallenweltmeisterschaft der Leichtathletik. Jan gefiel der Sechzigmeterlauf, die Läufer, die nicht genug Platz zum Bremsen hatten, wenn sie die Ziellinie durchlaufen hatten, und in dicke Schaumstoffmatratzen sausten und wieder zurückgeworfen wurden. Das war was. Die Sechzigmeter in der Halle. Das einzige Aber dabei war, daß es zu schnell ging. In knapp sieben Sekunden war es vorbei. Das war der Fluch der Sechzigmeter. Wie schnell konnte man eigentlich laufen? Wann war die Grenze erreicht? Würde der Tag kommen, an dem jemand sagte, nein, jetzt hören wir auf, Leute, jetzt geht es nicht mehr schneller, und das Publikum würde sich auf den Tribünen erheben, zum letzten Applaus, bevor es für immer heimfuhr und an den hohlen Tagen, die folgten, daran denken würde, daß es Spaß gemacht hatte, solange es währte, aber es konnte ja nicht ewig so weitergehen, oder? Die ausgestorbenen Sportstadien, Unkraut in den Sprunggruben, eine Startnummer, mit der der Wind spielt, eine Stoppuhr, die allerletzte Zeit zeigend, einen Rekord, ein Stollenschuh in der Kurve.

Jan konnte sich an die Sporttage in der Schule erinnern, er warf einen kleinen Ball, versuchte sich im Hochsprung und lief zum Schluß die Sechzigmeter, den Höhepunkt des Tages. Das Mädchen aus der Parallelklasse auf der Innenbahn, Sigrid, Schulmeisterin im Weitsprung aus dem Stand an zwei Jahren nacheinander, sie trägt einen riesigen weißen Anorak und eine blaue Strumpfhose, sie steht mit dem Rücken zu ihm, sie beugt sich hinunter und zieht die Schnürsenkel ihrer Turnschuhe fest. Jan wird unaufmerksam, absolut unaufmerksam. Jan wird schwerhörig. Als der Sportlehrer die Startpistole abfeuert, bleibt Jan einfach stehen, er ist ganz woanders. An diesem klaren Herbsttag im Frogner-Stadion hat er ein unscharfes Bild vor sich, gerade eben entwickelt, die anderen Läufer sind davongebraust, Sigrid erhebt sich, streckt sich. Jan spurtet, so schnell er kann, aber er hat bereits verloren, ist im Rückstand, seine Gedanken, der Blick, er kommt als letzter an und fällt die Rangliste hinunter, zum Gespött gemacht. Sigrid ist auf dem Weg zur Weitsprunggrube, zieht sich dabei den Anorak aus, und jemand sagt zu Jan: «Heute bist du aber ziemlich auf die Nase gefallen, Jan. Bist du mit Ständer gelaufen, oder was?»

Der Bericht über die Sechzigmeter braucht länger als

sieben Sekunden, der Bericht über die Sechzigmeter beginnt im Umkleideraum, die Schuhe, die Schnürsenkel, die Gedanken. Er beginnt bereits am Abend zuvor, er dauert die ganze Nacht, der Lauf im Dunkel, immer und immer wieder, der lautlose Lauf im Dunkel des Jungszimmers. Der Bericht über die Sechzigmeter handelt von der Innenbahn, der schwierigen Innenbahn.

Jemand lacht laut auf dem Flur und öffnet eine Tür, bald kann er hören, womit sie beschäftigt sind. Alles. Und das ist nicht wenig. Jemand schreit. Die Wände sind aus Pappe. Jan steht auf und stellt den Fernseher lauter. Der Wettkampf ist vorbei. Trabrennen in Bjerke. Der weiße Atem um den Kopf der Pferde, Flutlicht. Er faßt die Hose an, sie ist trocken. Er kann sie anziehen. Sie scheint enger geworden zu sein. Er fühlt, wie hungrig er ist. Jemand verläßt das Zimmer neben ihm. Vielleicht sollte er zu Hause anrufen und sagen, daß er etwas später kommt. Er könnte den Zügen die Schuld geben, einem entgegenkommenden Zug, auf den sie warten mußten, das ließe sich machen. Aber dann würde sie vielleicht fragen: «Von wo aus rufst du denn an, Jan?» Was sollte er darauf antworten? «Ich rufe aus dem Zug an. Woher sonst? Wir warten auf einen entgegenkommenden Zug. Deshalb ist es so still.» «Gibt es Telefon in der Østfoldbahn?» «Ich habe mir das Handy von einem Kollegen geliehen. Mit dem telefoniere ich jetzt. Mit dem Handy.» «Und das du, der keine Handys ausstehen kann?» «Ja, das ist ein Witz, nicht wahr? Hörst du mich? Ist das nicht komisch, alles zusammen?»

Ungefähr so könnten sie miteinander reden.

Es klopfte.

Jan blieb stehen, lauschte. Es hatte geklopft. Er stellte den Fernseher aus. Langsam ging er zur Tür, schlich sich heran. Es klopfte wieder. Er öffnete, einen Spalt, so daß er hinaussehen konnte. Draußen stand eine Frau. Sie hatte weiße Haut und rote Augen. Sie hob eine Zigarette. Ihre Fingernägel waren kurz und fast blau.

«Hast du Feuer?»

Jan schüttelte den Kopf und wollte die Tür schließen. Sie stellte schnell den Fuß dazwischen.

«Hast du kein Feuer?»

«Nein, ich habe kein Feuer.»

«Ganz sicher?»

Sie beugte sich zu ihm vor. Sie hatte eine Wunde in dem einen Mundwinkel, einen tiefen Riß, als hätte jemand versucht, ihr Lächeln zu verlängern.

«Ganz sicher», sagte Jan.

«Und wie wär's, wenn ich dir ein bißchen Feuer geben würde?»

«Ich rauche nicht.»

Sie lachte leise auf. Hatte ihr vielleicht jemand unten in der Rezeption gesagt, daß sich ein einsamer, heruntergekommener Mann auf Zimmer 309 befand, der bar bezahlte und auch sonst ziemlich leichtgläubig wirkte, ein richtiger Bauer in der Stadt, direkt aus den Ackerfurchen, mit Gummiband um die Brieftasche und offen für alles? Schlaues Mädchen, dachte Jan.

Er schob ihre Hand weg.

«Kannst du nicht in der Küche Bescheid sagen, daß ich heute lieber eine Frikadelle und keine Möse hätte.»

Ihr Blick wurde ganz kalt, einen Moment lang zeigte sie ihre Zähne, ein Blutstropfen kam auf den Lippen zum Vorschein, sie sah aus wie ein Kind voller Haß. Jan machte die Tür zu, verschloß sie, wartete, bis er die Schritte den Flur entlanggehen hörte. Er schwitzte. Irgendwo schlug eine Uhr, in einer Kirche oder vielleicht auch auf dem Bahnhof. Sechs Schläge. Es war an der Zeit. Er suchte nach einem Telefonbuch. Er fand die Bibel. Er schlug irgendeine Seite auf. *Der Knecht aber, der seines Herren Willen weiß, hat aber nichts bereitet noch nach seinem Willen getan, der wird viel Streiche leiden müssen. Der ihn aber nicht weiß und hat getan, was der Streiche wert ist, wird wenig Streiche leiden.* Lukas. Dieser nüchterne Evangelist. Jan klappte das Buch zu. Sogar hier, dachte er. Wieviel erlöste Seelen waren wohl im Postkafé-Hotell? Wieviel Zweifel? Wieviel Reue? Er rief die Auskunft an und bekam ihre Nummer. Sie wohnte in einem Vorort nördlich der Stadt und arbeitete in der Schule in Lillestrøm. Er mußte das aus der Welt schaffen. Was er eigentlich am frühen Morgen hätte sagen sollen, das würde er jetzt sagen, nachdrücklich. Daß das, was kaum angefangen hatte, jetzt beendet war, abgeschlossen, die Affäre war beendet, er sagte hiermit alle heimlichen Treffen in abseits gelegenen Cafés und Pensionen ab, die sie im stillen geplant hatte. Endstation, sagte er laut. Ein sauberer Schnitt. So. So, ja. Mit einem Mal war er obenauf, souverän. Ein sauberer Schnitt sollte das werden. Er war gut drauf, in diesem heiligen Moment, wenn man keine andere Wahl hat, wenn man über alle Zweifel erhaben ist. Er setzte sich aufs Bett und wählte. Als sie endlich den Hörer abnahm, schien sie außer Atem zu sein, als wäre sie gerade eben nach Hause gekommen oder als wäre sie gerade mit etwas anderem beschäftigt und wollte nicht gestört werden.

«Ja?»

«Ich bin's.»

«Wer?»

Ihre Stimme klang ungeduldig, fast aggressiv. Jan schluckte. Er hatte einen trockenen Mund.

«Der vorsichtige Mann mit dem großen Koffer.»

Er versuchte zu lachen. Das klang nicht gut.

«Sie müssen sich verwählt haben», sagte sie.

Er lachte nicht mehr.

«Hier ist Jan. Von letzter Nacht. Kreatives Schreiben.»

Es wurde ganz still. Er spürte, wie ihm der Hörer aus der Hand rutschte. Er mußte unbedingt etwas sagen. Ein sauberer Schnitt. Ein sauberer Schnitt sollte es sein. Hart, aber notwendig. Er war ein Chirurg ohne Anästhesie.

«Ich mußte schon früh abfahren», sagte er.

«Im Regen?»

«Ja. Im Regen.»

Es blieb eine Zeitlang still.

«Was willst du eigentlich?»

Er war nicht mehr so souverän. Er mußte abdanken. Er fiel.

«Ich wollte das nur sagen.»

Er konnte ihren Atem hören, er ging schwer.

«Was sagen?»

«Daß ich früh abfahren mußte. Ich ...»

Sie unterbrach ihn.

«Es ist nichts passiert.»

«Was?»

«Es ist nichts passiert. Wollen wir es dabei belassen?»

Er antwortete nicht.

Er ließ sie reden.

«Und wenn wir es nüchtern betrachten, dann stimmt das ja auch eigentlich. Verstehst du? Es ist nichts passiert.»

«Dann lassen wir es dabei», flüsterte er.

«Gut. Und das nächste Mal, wenn du anrufst, bist du falsch verbunden. In Ordnung?»

Sie legte auf. Jan legte auf. Er blieb sitzen. Er hörte, wie der Fahrstuhl sich zwischen den Stockwerken hin und her bewegte. Das war ein sauberer Schnitt gewesen, aber er war gegen ihn gerichtet gewesen, ein Schnitt den Rücken entlang. Der Fahrstuhl hielt an. Er spürte einen Ruck, tief in seinem Inneren. Er konnte sich nicht recht entscheiden, ob er nun erleichtert oder verletzt war. Er entschloß sich. Er war erleichtert. Ein sauberer Schnitt. Aber bei weitem keine tödliche Wunde. Er trug es wie ein Mann. Gut so. Jetzt konnte er heimfahren.

Da klopfte es erneut an seine Tür.

Er ging hin, horchte, wenn das die gleiche Dame wie vorhin war, mußte er sicher Stellung beziehen.

«Das ist aus der Küche», sagte ein Mann dort draußen.

«Ich habe nichts aus der Küche bestellt.»

«Doch. Das haben Sie.»

Jan hörte einige Geräusche dort draußen, einen Schlüssel, der ins Schloß geschoben wurde. Einen Moment lang überlegte er, sich gegen die Tür zu lehnen, sie zuzuhalten, aber da war der Mann bereits drinnen. Er ging direkt an Jan vorbei, stellte einen Teller auf den Nachttisch und legte Messer und Gabel, in eine weiße Serviette eingerollt, daneben. Er hatte sogar Salz und Pfeffer dabei.

Dann drehte er sich zu Jan um, lächelte. Jan hatte ihn noch nie zuvor gesehen. Er war ein paar Jahre jünger als Jan, wohl nicht älter als dreißig.

«Die Frikadelle», sagte der Mann. «Bitte schön.»

Jan ging zum Bett.

«Ich glaube, da liegt ein Mißverständnis vor.»

Der Mann lachte kurz auf, strich sich das Haar mit beiden Händen zurück. Um den Hals trug er eine Goldkette mit einer Rasierklinge daran.

«Das glaube ich aber nicht. Es kommt nur selten vor, daß ich etwas falsch verstehe. Das hier ist doch Zimmer 309, oder?»

«Ja.»

«Dann setz dich und iß.»

Etwas an dem Mann ließ Jan gehorchen. Er wurde gehorsam. Er setzte sich aufs Bett, wickelte Messer und Gabel aus, legte sich die Serviette auf den Schoß und begann zu essen. Der Mann blieb stehen und schaute ihm zu. Das Fleisch war lauwarm und zäh. Die Zwiebeln lagen in kaltem Fett, etwas ranzig, alles schmeckte ranzig. Jan streute Pfeffer darüber. Er hatte einen trockenen Mund. Er hatte keine Ahnung, wie er es schaffen sollte, das aufzuessen. Er hatte dieses Gefühl, daß etwas absolut nicht stimmte. Er mußte aufessen. Er brauchte ein Glas Wasser. Er traute sich nicht, aufzustehen.

«Schmeckt es?»

Jan schluckte und schluckte.

«Ganz gut.»

«Prima.»

Der Mann zündete sich eine Zigarette an, blies einige Ringe an die Decke, es ließ ihn fast nachdenklich erscheinen.

Nach einer Weile fragte er:

«Ist doch in Ordnung, wenn ich rauche? Während du ißt?»

«Das macht nichts.»

Der Mann nahm einen tiefen Zug, schaute sich im Zimmer um. Dann beugte er sich hinunter und drückte die Zigarette auf Jans Teller aus. Jan rührte sich nicht.

«Jetzt mußt du aber dein Essen aufessen.»

«Ich habe Durst», flüsterte Jan.

Der Mann richtete sich auf, breitete die Arme aus und seufzte.

«Aber natürlich hast du Durst! Warum hast du das denn nicht gleich gesagt?»

Er ging ins Bad und kam mit einem Glas Wasser zurück. Jan trank. Das Wasser war warm. Jan sagte nichts. Er aß weiter. Es schmeckte nach Asche. Er schob die zerdrückte Zigarette zur Seite. Das geschieht gar nicht, dachte er. Nein. Das bin nicht ich, dem das geschieht. Das ist ein anderer. Das ist der Traum eines anderen Mannes. Es gelang ihm, alles aufzuessen. Der Mann setzte sich auf den Stuhl am Fenster und stützte sich auf seinen Knien ab. Auf dem linken Handrücken hatte er eine Tätowierung, die aussah wie ein Auge.

«Was arbeitest du, Jan?»

Jan fröstelte. Sein Name. Er hatte niemandem hier seinen Namen gesagt.

«Ich unterrichte.»

Der Mann schüttelte lachend den Kopf, als hätte er gerade etwas ungemein Witziges gehört.

«Unterhalte ich mich hier etwa mit einem Lehrer?»

«Studienrat», sagte Jan.

«Ist das ein Unterschied?»

«Ja.»

«Ich nenne dich trotzdem einen Lehrer. Wenn das für dich in Ordnung ist. Ist das in Ordnung?»

«Ja.»

Der Mann bot Jan eine Zigarette an. Jan nahm sie, bekam Feuer. Ihm wurde schwindlig, übel, er mußte für einen Moment die Augen schließen, sich erholen, er hatte diesen ranzigen Geschmack im Mund. Der Tabak klebte ihm an der Zunge.

«Was unterrichtest du, Jan?»

«Norwegisch.»

«Norwegisch?»

«Ja. Norwegisch und Geschichte.»

Der Mann lehnte sich zurück, starrte Jan an, während er sich die Nägel mit einem Streichholz reinigte. So blieb er eine ganze Weile sitzen. Die Asche von Jans Zigarette fiel zu Boden, eine graue, lautlose Lawine.

«Dann bringst du den Kindern also bei, ordentlich miteinander zu reden, oder? Machst du das?»

«Ja. Das gehört auch dazu.»

Der Mann beugte sich wieder vor, schob sich seine dicken Haare aus den Augen und aus der Stirn.

«Wenn dich jemand freundlich anspricht, dann ist es doch nicht zuviel verlangt, wenn man erwartet, daß du freundlich antwortest? Oder?»

Jan schaute woanders hin.

«Nein. Ist es nicht.»

«Steht das im Lehrplan, Jan?»

«Was?»

«Höflichkeit.»

«Nicht direkt. Etwas muß man ja auch noch zu Hause lernen.»

Der Mann legte eine Hand auf Jans Knie, die tätowierte Hand. Jan fühlte Übelkeit in sich aufsteigen. Die Zigarette verbrannte ihm die Finger.

«Darf ich dich was fragen, Jan?»

«Ja.»

«Hast du schon einmal einen Schüler geschlagen? Einen unhöflichen Schüler?»

«Nein.»

Der Mann überlegte. Die Hand auf Jans Knie. Das Gesicht, nahe, ein süßlicher Geruch, gefühllos.

«Aber hast du mal Lust dazu gehabt, Jan? Ich meine, zu schlagen. Fest. Richtig fest.»

Jan zögerte.

«Doch. Das kann schon sein.»

«Warum hast du es dann nicht gemacht?»

«Weil ich gern meinen Job behalten will.»

«Deinen Job behalten? Hast du genau das gedacht? Als du Lust hattest, zuzuschlagen?»

«Ja.»

«Schwindelst du auch nicht, Jan?»

«Was?»

«Ich glaube, du hast dich nicht getraut. Wenn du dich getraut hättest, dann hättest du losgeschlagen.»

Der Mann stand plötzlich auf, rieb sich die Hände, ein trockenes, ekliges Geräusch, wie das von Grashüpfern.

«Weißt du, was mich wütend macht, Jan? Wirklich wütend?»

Er wartete auf eine Antwort.

Jan drückte seine Zigarette aus, im Fett am Tellerrand.

«Nein. Das weiß ich nicht.»

Der Mann setzte sich wieder, diesmal aufs Bett, neben Jan, dicht neben ihn, legte ihm den Arm um die Schulter.

«Wenn jemand ungehörig mit einer Dame redet. Macht dich das nicht auch wütend?»

«Doch, ja.»

«Lernen die Jungs so was nicht mehr in der Schule? Daß sie Damen gut behandeln sollen?»

Das mußte bald ein Ende haben. Das konnte nicht wahr sein. Jan kam ein unsinniger Gedanke: Ich bin im falschen Zimmer. Ich bin einfach nur im falschen Zimmer. Lächerlich. Ich bin falsch gegangen. Der Arm um seine Schulter, der Geruch eines fremden Mannes, sein Atem, die Haut, die Haare. Er hatte keine Ahnung, was er sagen sollte. Er mußte etwas sagen. Er sagte etwas.

«Wir versuchen, ihnen auch das beizubringen. Miteinander höflich umzugehen.»

Der Mann nickte.

«Betragen. Darauf kommt es an. Alles andere kannst du dir schenken. Das Betragen. Das zählt. Bist du meiner Meinung?»

«Ja.»

«Dann sind wir uns ja einig. Das freut mich.»

Der Mann stand auf, blieb stumm stehen, zwischen Bett und Fenster, den Rücken Jan zugewandt. Es regnete immer noch. Das Sausen der Stadt wurde immer leiser.

Jan holte tief Luft.

«Wieviel bin ich dir schuldig?»

Der Mann drehte sich langsam zu ihm um.

«Bist du mir was schuldig?»

»Fürs Essen.»

«Vergiß es. Man hat nicht jeden Tag die Gelegenheit, ein richtiges Gespräch zu führen.»

Der Mann zögerte einen Moment, kratzte sich hinten am Oberschenkel, zog seine Hose im Schritt zurecht, seufzte. Dann nahm er den Teller und ging zur Tür. Jan blieb sitzen. Durfte jetzt nichts Falsches sagen. Dann wäre er bald frei. Er sagte nichts. Bewegte sich nicht. Der Mann öffnete die Tür, einen Moment lang blieb er dort stehen, als wäre er im Zweifel und könnte sich nicht entscheiden, ob er nicht doch noch bleiben wollte, vielleicht hatte er auch einfach nur Lust, die Sache noch etwas in die Länge zu ziehen. Noch nie hatte Jan so still dagesessen, es brannte ihm unter den Nägeln, seine Zunge schwoll an, es juckte in den Nasenlöchern. Dann verschwand der Mann ohne ein Wort. Die Tür, die ins Schloß fiel. Schritte über den Flur. Der Fußboden, der leicht zitterte, als der Fahrstuhl losfuhr und durch das Hotel fiel.

Jan stürzte ins Bad. Er konnte kurz sein Gesicht im Spiegel sehen, ein fremdes Portrait, zufällig dort an die Wand gehängt, eine Fälschung, bevor er sich über das Waschbecken beugte und alles ausspuckte, bis er leer und irre war.

Dann fuhr er heim. Als er die Wohnung aufschloß, seine Hand zitterte nicht gerade wenig dabei, hoffte er, daß Sigrid nicht da wäre, daß sie ins Kino gegangen wäre, damit er ein paar Minuten für sich allein hätte, Zeit, um sich zu sammeln, das Gleichgewicht wiederzufinden. Sie stand im Flur. Sie sah ihn an. Sie hielt einen Becher Tee in beiden Händen.

«Hallo», sagte sie.

Er schloß die Tür und stellte den Koffer ab.

«Hallo», sagte er. «Da bin ich.»

Er hängte seine Jacke auf den Bügel, es wurde ihm plötzlich bewußt, daß all seine Bewegungen so langsam waren wie vorausgeplant, als hätte er Angst, etwas falsch zu machen, etwas, das ihn entlarven könnte.

«Hattet ihr viel Spaß?» fragte Sigrid.

«Spaß?»

«Ja. Spaß. Sprudelbad, Sauna, Minibar. Nachspiel.»

«Dazu fehlte die Zeit.»

«Ja, stimmt, ihr seid ja so vernünftig. Hast du Hunger?»

«Ich habe gegessen.»

Während er sich umdrehte, immer noch mit dieser Trägheit im Körper, als wäre eine neue Geschwindigkeitsbegrenzung in seinem Leben eingeführt worden, da fiel ihm auf, wie wenig sie von ihm wußte, wenn man es genau betrachtete, nach all diesen Jahren unter dem gleichen Dach, im gleichen Bett, am gleichen Frühstückstisch. Was wissen wir eigentlich? Unsere Kenntnisse voneinander bilden eine einfache Biographie. Jan: Sechzigmeter. Sigrid: Weitsprung aus dem Stand. Macht das unsere Einsamkeit aus, unsere Unvollkommenheit, unseren Mangel, die Falte in unserem Herzen, daß wir es nie wissen werden? Sie wußte nichts von ihm. Aber nicht die Worte entlarven dich, es ist die Art, wie du deine Jacke aufhängst, wenn du an einem Sonntagabend nach Hause kommst und dich ihr langsam zuwendest, ihr, die vielleicht schon auf dich gewartet hat und nach der du dich gesehnt hast, oder die nur zufällig im Flur steht, mit einem dampfenden Becher Tee in der Hand, auf dem Weg ins Arbeitszimmer oder ins Wohnzimmer.

«Mein Gott, wie du aussiehst.»

Das sank in sein Innerstes wie ein Fahrstuhl, der in einem fort fiel und ihn erzittern ließ.

«Wie ich aussehe? Was meinst du damit?»

«Deine Schuhe. Wo bist du denn mit denen gewesen?»

Er guckte nach unten. Die Schuhe. Die hatte er vergessen. Ein frisch gewaschener Mann mit schmutzigen Schuhen. Sie waren fast ganz mit eingetrocknetem Matsch bedeckt.

Jan versuchte zu lachen.

«Ich war auf dem Land.»

«Und auf dem Land hattet ihr nicht viel Spaß?»

«Es ist lange her, daß man auf dem Land Spaß haben konnte. Es hat geregnet.»

«Hier hat es auch geregnet. Ich bin den ganzen Tag nicht vor die Tür gegangen.»

«Gearbeitet?»

«Fast fertig.»

«Hat jemand angerufen?»

«Keine Menschenseele. Sollte jemand anrufen?»

Jan schaute aus dem Fenster.

«Es hat jetzt aufgehört zu regnen», sagte er.

«Machst du einen Wein auf?»

«Kann ich machen. Rot oder weiß?»

«Rot. Und was willst du?»

«Auch rot. Es ist Oktober.»

«Schön. Dann nehmen wir einen roten.»

Sigrid nahm einen Schluck Tee und starrte ihn über den Becher hinweg an. Jan wich ihrem Blick aus. Er sah auf seine Schuhe hinunter. Dann ging sie langsam zum Arbeitszimmer. Dort drehte sie sich um.

«Jan?»

Und zum ersten Mal hatte er keine Ahnung, was sie wohl sagen würde.

«Was meinst du? Wie wäre es, Clint Eastwood ins Norwegische zu synchronisieren?»

Jan lächelte.

«Mag ich mir gar nicht vorstellen», sagte er.

«Ich auch nicht. Bis gleich.»

Sie schloß leise die Tür hinter sich. Jan blieb stehen. Kurz darauf hörte er den Dialog vom Bandgerät. Es waren eine Frau und ein Mann, die miteinander sprachen, langsam. Er konnte nicht verstehen, was sie sagten. Amerikanisches Drama, vermutete er. Freigegeben ab fünf Jahre. Für Erwachsene empfohlen. Dieser leise, jaulende Ton, wenn sie zurückspulte. Jan zog sich die Schuhe aus und nahm sie mit in die Küche. Dort wischte er sie mit einem Tuch ab, säuberte die Sohlen, putzte sie lange und sorgfältig, entfernte alle Spuren, er hängte sogar die Schnürsenkel zum Trocknen über den Herd und stellte die Platte auf zwei. Dann packte er aus, stopfte die Kleider in die Waschmaschine im Badezimmer, die Notizen warf er direkt in den Müll, ohne sie noch einmal anzugucken, den Koffer trug er in den Keller hinunter und legte ihn ganz hinten in den Verschlag.

Als er wieder hochkam, öffnete er eine Flasche Wein, goß zwei Gläser ein und nahm sie mit zu Sigrid. Er klopfte nicht an, schob die Tür einfach mit dem Fuß auf, und sie hörte nicht, daß er dastand. Sie saß mit dem Rücken zu ihm und weinte, das Gesicht in den Händen, sie weinte, der ganze Körper zitterte, in dem blauen Licht des Bildschirms, auf dem sie ein Bild eingefroren hatte, eine undeutliche Gestalt, bedeutungslos, eine tote Positur in einem Strom der Bewegung. Jan wollte etwas sagen, ließ es aber lieber, er blieb stehen, auf der Schwelle, mit zwei Weingläsern in den Händen, wie dunkelrote Blumen auf blauen Stielen, und sah auf die Frau, mit der er während seines gesamten erwachsenen Lebens zusammengelebt hatte, und es fiel ihm auf, fast wie ein Schock, daß es das erste Mal war, daß er sie weinen sah. Das wollte ich eigentlich gar nicht sehen, dachte er. Das hätte ich nie sehen dürfen. Ich bin in ihre Finsternis eingedrungen.

Aber es war zu spät, um umzukehren. Er trank einen Schluck Wein. Sigrid drehte sich langsam zu ihm um, streckte die Hand aus. Einen Augenblick lang war Jan im Zweifel, was er tun sollte, dann gab er ihr das Glas, als wäre nichts geschehen, und sie stießen an.

Sigrid stellte die Textmaschine ab.

«Gibt es ein anderes Wort für Handschuhfach?» fragte sie.

Jan lachte, erleichtert, beinahe erleichtert, froh.

«Handschuhfach? Nicht daß ich wüßte. Zuwenig Platz?»

«Es ist immer zu wenig Platz.»

«Wer redet?»

«Clint Eastwood. Und Meryl Streep.»

«Ich dachte, der Clint würde nicht so viel sagen.»

«Der Clint ist alt geworden, Jan. Er hat angefangen zu reden.»

«Du wolltest ja nie mit mir ins Eldorado-Kino.»

«Du wolltest ja nie mit mir ins Gimle-Kino.»

«Und deshalb sind wir ins Saga-Kino gegangen.»

In der Nacht träumte Jan, daß er wieder die Sechzigmeter laufen würde. Er hörte den Schuß, erhob sich von den Startblöcken, die entscheidende Bewegung, die Explosion, zuerst im Gehirn, dann in den Muskeln, im Fleisch, sich einen Tunnel durch die Luft sprengen, aber er kam nicht los, die Schuhe waren zu schwer, die Schuhe hielten ihn zurück, als wären sie Magneten, die sich am Kies festsaugten. Jan lief und lief und bewegte sich nicht von der Stelle. Die Tribünen waren leer, die Sonne schien ihm in die Augen. Jan lief und kam nicht vom Fleck. Die Uhr in der Kurve, die eine Stunde anzeigte. Jan lief, Jan verlor. Jan kam nie ins Ziel. Er wachte erschrocken auf, setzte sich im Bett auf, schnappte nach Luft. Eine Sirene näherte sich, ein blaues Flackern an der Wand, das plötzlich wieder fort war. Die grünen Ziffern auf dem Wecker. Sigrid lag neben ihm, sie schlief, tief, auf dem Grunde ihrer selbst. Er hätte sie wecken können und etwas sagen. Er ließ sie schlafen. Er war rücksichtsvoll. Er traute sich nicht. Er traute sich nicht, sie zu wecken. Er beugte sich hinunter und legte seinen

Mund vorsichtig auf ihre nackte Schulter und spürte den süßen, schweren Geschmack eines Menschen.

Am Montag morgen war alles wie zuvor. Die Schnürsenkel waren trocken. Sigrid saß im Arbeitszimmer und textete. Jan stand vor seiner Klasse, dreiundzwanzig Siebzehnjährige, und sprach über Aristoteles' Poetik, daß alles einen Anfang hat, eine Mitte und einen Schluß, und auch wenn es sich banal anhörte, war es dennoch wichtig, der Anfang, das, was nicht zwangsläufig nach etwas anderem folgte, aber in sich selbst eine Fortsetzung hatte, und der Schluß, der natürlicherweise eine Konsequenz aus etwas war, das es vorher gegeben hatte, auf den aber nichts anderes folgte, während die Mitte das ist, was sowohl auf etwas folgt als auch von etwas anderem gefolgt wird. Das war genau das, was Jan so schön fand, das Zwangsläufige stand im Gegensatz zu dem Willkürlichen, der Gedanke gegen den Zufall. Die Schüler gähnten. Sie gähnten gleichzeitig, das große Gähnen. Die gepflegten weißen Hände der Schüler, sie lagen wie tote Quallen auf den Pulten, sechsundvierzig Quallen. Jan hätte fast gesagt, daß sie sich jetzt genau am Ende des Anfangs befanden, nahe dem Wendepunkt zum zweiten Akt, der Mitte, und dieser Wendepunkt würde entscheiden, ob sie sich weiterhin zu Tode langweilen würden. Walt Disney, sagte er statt dessen. Clint Eastwood und Knut Hamsun, Henrik Ibsen und Michael Jackson. Was haben die gemeinsam, abgesehen davon, daß sie Männer sind, wenn wir Michael Jackson in dieser Frage einmal wohlgesonnen sein wollen. Niemand antwortete. Keiner paßte auf. Nun ja, sagte Jan, sie haben von Aristoteles gelernt, daß alles einen Anfang hat, eine Mitte und einen Schluß; diese einfache Formel, die die genaueste und gleichzeitig am wenigsten vorhersehbare Dramaturgie beinhaltet, nämlich das Leben selbst. Jan hörte, daß er jetzt etwas zu scharf wurde, er ließ sich mitreißen. Die Schüler gähnten, diese verwöhnten, faulen Gesichter öffneten sich zu einem leeren Loch, sie langweilten sich, die Zeit stand still in ihren Augen. Jan sah sich die Klasse an, eine Sammlung von Gaumenzäpfchen, dreiundzwanzig Zäpfchen. Er wandte sich abrupt den beiden Ersten in der Fensterreihe zu, einem Mädchen und einem Jungen, er hätte sich jedem in der Klasse zuwenden können. Und er bekam Lust, zuzuschlagen. Er hatte noch nie jemanden geschlagen. Er wußte nicht, wie hart er schlagen würde, wenn er erst einmal anfing zu schlagen, wenn er alles, was sich in ihm aufgestaut hatte, loslassen würde.

«Habt ihr schon daran gedacht, euch für die nächste Olympiade zu melden?» fragte Jan.

Sie sahen ihn wortlos an, begriffen nichts, ihre Kiefer rutschten wieder an Ort und Stelle, langsam, Reptilien, sie sahen aus wie Reptilien.

«Hä?»

«Im Synchrongähnen meine ich. Ich denke, ihr würdet ziemlich große Gewinnchancen haben.»

Im gleichen Moment klingelte es zum Stundenschluß. Jan blieb allein im Klassenzimmer stehen. Die Kreide rieselte ihm durch die Finger. Jetzt werde ich zu dem, den ich eigentlich verachte, dachte er. Jetzt werde ich zu dem sarkastischen Tutor. Jetzt werde ich so ein ironischer Mensch, der sich von innen selbst auffrißt, Gramm für Gramm. Ich hätte lieber zuschlagen sollen. Aber Jan fuhr den Rest der Woche fort, über Aristoteles zu reden. In der großen Pause aß er sein mitgebrachtes Brot im Lehrerzimmer, trank Kaffee, spendete fünfzig Kronen für ein Unterrichtsprojekt in El Salvador und hundert Kronen für ihre Tippgemeinschaft, die noch nie etwas gewonnen hatte. Und am Freitag nahm er neunzehn norwegische Aufsätze mit nach Hause, vier Schüler hatten nicht abgegeben, er schleppte eine Tasche voll mit Norwegischaufsätzen durch die Stadt, die schwerste Last eines Norwegischlehrers.

Und so verlief dieser Herbst. Jan korrigierte Aufsätze. Jan setzte die Sachlichkeit auf den Lehrplan. Doch als er die Aufsätze gelesen hatte, sah er, daß die Sachlichkeit der Schüler verdreht war, und die Rückseite der Sachlichkeit ist die Dummheit. Hier gab es weder einen Anfang noch eine Mitte oder einen Schluß. Aber auch nach all diesen Jahren glaubte Jan, daß er sie doch noch finden würde, jedesmal, wenn er ein neues Aufsatzheft öffnete: die sachliche Schönheit. Er fand sie nie. Da gab er nach und ließ die Schüler statt dessen Gedichte schreiben. Das wurde noch schlimmer. Jan fühlte sich wie ein Spanner. Und es stand nicht einmal etwas zwischen den Zeilen. Der nächste Nachbar der Poesie ist das Geschwätz. Dann lieber die direkte Dummheit, die war jedenfalls ehrlich. Er gab allen eine Zwei.

Und Sigrid untertitelte neue Filme. Sie saßen jeder für sich in ihrem Zimmer, jeder in seiner Sprache. Ist *Arschloch* eine genaue Übersetzung von *asshole*? Wie oft kann man eigentlich im Laufe eines Films *fuck you* sagen? Heißt es, *alle mit dem gleichen Kamm kämmen* oder *alle über einen Kamm scheren*? *Ist nicht alles Silber, was glänzt? Geht das eine Ohr rein und raus?* Sie konnten kaum miteinander reden, wenn sie ins Bett gingen. Sie löschten das Licht und taten so, als ob sie schliefen. Sie taten so. Aber in einigen Nächten kam sie zu ihm, still, zog ihr Nachthemd hoch, und er glitt in sie hinein, genauso still. Hinterher ging sie ins Bad, Jan blieb liegen, roch an seinen Fingern. Wenn sie zurückkam, tat er, als würde er schlafen. Sie blieb beim Kalender stehen, der über der Kommode hing, und machte ein Kreuz.

Eines Morgens, während sie frühstückten, klingelte das Telefon. Sigrid eilte auf den Flur und nahm ab. Jan trank noch einen Kaffee. Als er aufsah, stand sie bereits in der Türöffnung, an den Türrahmen gelehnt, die Arme gekreuzt.

«Wer war's?» fragte er.

«Niemand.»

«Niemand?»

«Nur jemand, der gleich aufgelegt hat.»

Jan wurde plötzlich unruhig. Er begann dummes Zeug zu reden.

«Du mußt doch wohl gehört haben, ob es eine Frau oder ein Mann war?»

«Spielt das eine Rolle?»

«Nein, ich dachte nur. Ob es wohl von der Schule war.»

«Sie hat aufgelegt.»

«Sie?»

Sigrid ging einen Schritt auf ihn zu.

«Er oder sie oder wer zum Teufel es auch immer war. Sie haben aufgelegt.»

«Ja, ja. Sie haben falsch gewählt.»

«Es war eine Dame.»

«Woher kannst du das wissen? Du hast gesagt, sie haben aufgelegt.»

«Vom Atmen, Jan.»

«Ruft uns hier jemand vor acht Uhr an, um uns ins Ohr zu pusten?»

Sigrid kam noch näher, sie schrie ihn an:

«Ich habe gehört, wie jemand geatmet hat! Von dem Moment an, als ich meinen Namen gesagt habe, bis zu dem, als die Verbindung unterbrochen wurde! Eine Frau hat tief Luft geholt! So!»

Sie beugte sich herunter, ihr Mund war dicht vor seinem Ohr, und dann holte sie Luft, tief, mehrmals. Dann nahm sie ihre Kaffeetasse und verschwand in ihrem Arbeitszimmer.

Jan wollte ihr nachgehen, entschied sich dann aber anders. Er wartete, daß das Telefon noch einmal klingeln würde. Niemand rief an. Nichts geschah. Dann verließ er das Haus und rief ihr zum Abschied zu. Draußen schien eine grelle, kalte Sonne. Ein paar Pfützen waren im Laufe der Nacht gefroren, schmutzige, zerbrochene

Spiegel. Der glatzköpfige Himmel, dachte er plötzlich und lachte. Der glatzköpfige Himmel! Das ist keine Poesie. Das ist sachlich. Sigrid stand nicht am Fenster.

Jan gab den Schülern Übungen in Sprachgeschichte und neue Aufsatzthemen. Die Wettgemeinschaft hatte einen Elfer eingeheimst, lächerliche vierhundertachtzig Kronen geteilt durch sieben Philologen. Nach ein paar anstrengenden Runden, während derer der Gewinn in zehn Halbe und eine Cola light für Lorry oder drei Flaschen Carolo und hundert Gramm Camembert umgerechnet wurde, beschlossen sie einstimmig, den Betrag im ganzen in die nächste Spielrunde einfließen zu lassen.

Als Jan heimkam und ins Schlafzimmer ging, um sich umzuziehen, sah er, daß der Kalender fort war. Er klopfte an die Tür zum Arbeitszimmer. Sigrid war nicht dort. Sie saß im Wohnzimmer, mit einem Glas Wein. Er setzte sich neben sie.

«Keine weiteren Telefonterroristen?» fragte er, ohne sie anzusehen.

Sie lachte kurz auf, schüttelte den Kopf. Er trank aus ihrem Glas. Sie lehnte sich an ihn. Er legte vorsichtig seine Hand auf ihren Bauch. Sie schob sie weg.

«Heute nacht hat es gefroren», sagte er leise.

«Weiß ich.»

Am Sonntag, dem letzten im November, ließen sie ihre Arbeit liegen und gingen statt dessen spazieren, Hand in Hand, sie sahen aus wie die anderen Paare, die auch draußen unterwegs waren. Hätten sie einen Hund dabei gehabt, wäre es fast perfekt gewesen. Die Sonne stand so niedrig, daß sie kaum Schatten werfen konnten. Das Gras in dem Park brach, ein Halm nach dem anderen. Der Herbst ist ein gewissenhafter Choreograph. Dann kamen sie am Frogner-Stadion vorbei.

«Wollen wir reingehen?» fragte Jan.

«Warum denn?»

«Ich möchte dich gern wieder springen sehen.»

Sigrid lachte.

«Und du denkst, dazu kannst du mich überreden?»

Sie ging weiter, auf den Park zu. Jan hielt sie auf.

«Nun komm schon. Sei kein Frosch.»

«Was ist nur los mit dir?»

«Nichts. Ich möchte nur sehen, wie du springst.»

«In diesen Kleidern?»

«Das macht nichts.»

Sie sah ihn an, und plötzlich lächelte sie.

«Und du hast daran gedacht, die Sechzigmeter zu laufen?»

«Natürlich.»

«Abgemacht!»

Sie kletterten über den Zaun, zwei ungehorsame Kinder, und beeilten sich, zur Weitsprunggrube vor der Geraden zu kommen. Es war sonst niemand da, das Publikum war schon vor langer Zeit nach Hause gegangen, und alle Sportlehrer waren tot. Die Tribünen standen morsch und schief da, jemand hatte einen Speer vergessen, ein Stollenschuh lag in der Kurve, patschnaß, und ein Netz hing über den Zielstangen wie ein zerrissenes Fischernetz.

Sigrid zog sich den Mantel aus und gab ihn Jan.

«Darf ich Anlauf nehmen?»

«Nichts da. Hier wird nicht geschummelt.»

Sie stellte sich auf das Absprungbrett, die Füße leicht auseinander, die Arme nach hinten, den Kopf gesenkt, und krümmte sich zusammen. Jan hatte sich hingehockt, um Maß zu nehmen. Sie holte Luft, mehrmals, schnell, und sprang, die Knie dicht unter dem Körper, und landete mit einem Stöhnen in dem festen Sand.

«Nicht schlecht für eine alte Dame», sagte Jan. «Acht Zentimeter hinter der Bestleistung.»

Sigrid kam auf die Beine, stolperte auf ihn zu und lachte.

«Und du hast ein gutes Gedächtnis, alter Mann.»

«Ja», sagte Jan. «Guck mal.»

Er zeigte ihr eine Markierung, einen kleinen, schrägen Einschnitt in der Latte am Rand der Grube.

«Das ist deine persönliche Bestleistung.»

Sigrid sah ihn an, noch warm im Gesicht.

«Hast du das da reingeschnitzt?» fragte sie leise.

«Genau. Das war ich.»

«Du machst Scherze!»

«Ich mache keine Scherze. Am zwölften September 1970. Am letzten Sporttag. Du hast gewonnen. Zwei Meter drei.»

Er legte ihr den Mantel über die Schultern. Sie umarmte ihn. Er küßte die feuchte Stirn.

«Erinnerst du dich auch noch an meine Bestleistung?» fragte Jan.

In dem Moment kam ein Kerl aus dem Umkleideraum in der Kurve und ging langsam über den Kies. Er trug einen blauen Overall und eine rote Schirmmütze. Als er schließlich bei ihnen angekommen war, schaute er sie lange an und kratzte sich mit einem schwarzen Streichholz im Ohr.

«Was treibt ihr denn hier?» fragte er schließlich.

«Trainieren», sagte Jan. «Wer bist du?»

«Der Platzwart. Wer sonst?»

«Natürlich, wer sonst. Nett, dich kennenzulernen. Wir haben in den Sechzigern hier viel trainiert. Vor allem meine Frau.»

Jan streckte die Hand vor. Der Platzwart sah jedoch statt dessen Sigrid an.

. «Es ist geschlossen hier.»

«Ein kleiner Sechzigmeterlauf wird wohl erlaubt sein», sagte sie.

«Bald wird hier Eis gelegt. Ich kann so was nicht zulassen.»

«Ach bitte. Nur einmal Sechzigmeter.»

«Und wenn das alle sagen würden? Nur ein kleiner Sechzigmeterlauf. Wie würde das aussehen?»

«Wunderbar», sagte Jan.

«Wieso wunderbar?»

«Ich fürchte, es würde zu lange dauern, das zu erklären.»

Der Platzwart steckte sein Streichholz in die Tasche.

«Ich mache ja nur, worum ich gebeten werde», murmelte er.

«Das ist ja auch in Ordnung», sagte Jan.

«Manchmal ist es sehr einsam, Platzwart zu sein.»

Jan nickte.

«Ja, das Stadion kann eine einsame Hölle sein», sagte er. «Ich weiß.»

Ein Wind wehte am Boden entlang. Es knackte in den Tribünen. Das Netz löste sich von den Zielstangen. Dann war alles wieder ganz still.

«Wie seid ihr hereingekommen?» fragte der Platzwart.

«Wir sind über den Zaun geklettert», sagte Sigrid.

«Dann muß ich euch bitten, den gleichen Weg wieder zurückzuklettern.»

Und Jan und Sigrid trollten sich zum Zaun, schafften es hinüber, während der Platzwart den Sand in der Weitsprunggrube glättete, den Speer holte und versuchte, das Wasser aus dem Stollenschuh auszukippen, aber das war bereits gefroren, ein Fuß aus Eis in der letzten Kurve. Jan lief, so schnell er konnte, zwischen den schwarzen, glatten Bäumen entlang. Nach wenigen Metern holte Sigrid ihn ein. Er konnte kaum richtig sprechen, Eisen im Mund, Eisen im Kopf. Er mußte sich auf sie stützen. Und da begann es zu schneien, ebenso plötzlich wie jedes Jahr, ebenso banal. Das Eisen schmolz hinter Jans Augen. Er fühlte sich aufgekratzt. Er bekam Lust, etwas Verrücktes zu tun, eine Tafel Schokolade im Kiosk zu klauen, Schneebälle in offene Fenster zu werfen, eine Ente zu fangen und sie mit Unmengen von Backpflaumen und französischem Cognac zu Mittag zu essen. Er streckte seine Zunge raus und schleckte die dicken Flocken auf.

«Der glatzköpfige Himmel pellt sich!» rief er.

Sigrid hielt ihn auf.

«Was hast du gesagt?»

«Der glatzköpfige Himmel pellt sich!»

Sie lachte.

«Ich glaube, jetzt hast du einfach zu viele Aufsätze korrigiert, Jan.»

Als sie wieder zu Hause angekommen waren, immer noch gutgelaunt, zum Lachen aufgelegt, fast leichtsinnig, schlug Sigrid vor, daß sie in den Keller gehen und die alten Sachen aufräumen sollten. Die konnten sie doch der Heilsarmee geben, es war kurz vor Weihnachten, es hatte schon angefangen zu schneien, sicher froren Leute dort draußen. Jan meinte, sie hätten sich einen Wein verdient, so bald wie möglich.

«Hinterher», sagte Sigrid. «Die guten Taten zuerst.»

«Ist Wein trinken eine schlechte Tat?»

«Der Wein ist die Belohnung.»

Aber Jan wußte eine bessere Lösung. Er nahm den Wein mit in den Keller. Dort schoben sie die Sachen beiseite, die sie aufbewahrt hatten, aus Faulheit, aus Sentimentalität oder Vergeßlichkeit: ein Schlagholz mit Jans eingebranntem Namen im Griff, schiefe, braune Buchstaben, Stapel von Büchern und Vorlesungsnotizen, ein rotes Schlafsofa, das Sigrid mitgenommen hatte, als sie zu Hause auszog, Holzski mit Spezialbindung, Bambusstöcke, eine Stehlampe mit angebranntem Schirm, Rollen mit Filmplakaten, *Der Stadtneurotiker*, *Deliverance*, *1900*, *Die durch die Hölle gehen*, einen Schuhkarton voll mit Dinky Toys, Triumph Herald, Hudson Hornet, Jaguar, Puppen mit Schlafaugen, die immer noch klapperten, ein Kinderwagen, den sie doch behalten hatten.

«Ist es nicht merkwürdig, sich das vorzustellen?» fragte Sigrid leise.

«Was?»

«Daß die Dinge, die wir aufbewahren, vielleicht länger existieren als wir.»

Sie schob den Kinderwagen an die Wand.

«Das ist unser Museum», sagte sie.

Jan nahm einen Schluck und gab ihr die Flasche.

«Ich glaube, jetzt hast du zu viele Filme untertitelt.»

Sie wandte sich ab und trank. Jan hielt ein Corgi Toys in der Hand, den weißen Jaguar, bei dem sich sowohl Motorhaube als auch Kofferraum öffnen ließen. Ob es schon zu spät ist, um den Führerschein zu machen, dachte er plötzlich und lachte leise. Warum hatte er eigentlich nie den Führerschein gemacht! Da durchfuhr es ihn: der Koffer. Sigrid stellte die Flasche ab und schob den Koffer auf ein Regal. Jan sah den schmutzigen Zettel, der um den Handgriff gewickelt war. Daher hatte der Mann im Postkafé-Hotell also seinen Namen gewußt. Er stand mit großen Buchstaben darauf geschrieben, und nicht nur das, seine Adresse stand auch dort, die Straße, die Stadt, das Land, sogar die Telefonnummer.

Jan spürte einen Ruck im Kopf. Kann ein Mensch es vermeiden, Spuren zu hinterlassen? Kann ein Mensch es vermeiden, Spuren zu setzen?

«Kannst du mir helfen?»

Sigrid, wie sie zwischen Kinderwagen und Koffer steht, so würde er sich immer an sie erinnern, Sigrid zwischen Kinderwagen und Koffer, an diesem letzten Sonntag im November.

Jan ließ den Wagen zu Boden fallen.

Sigrid drehte sich zu ihm um.

«Kannst du mir helfen?» wiederholte sie.

«Natürlich. Klar.»

Sie lächelte.

«Jetzt hast du ziemlich abwesend ausgesehen. Woran hast du gedacht?»

«An unser Museum.»

Und dann zogen sie den großen Kleiderkorb hervor, öffneten ihn und kippten die Kleider auf den Boden. Sie standen im Schlick der Garderobe. Es war wie eine Art Archäologie, als sie sich hindurchgruben, Schicht für Schicht, hinunter in die Geschichte, zu den dünnen Schichten aus Terylen, Voile und Crimplen, aus Nylon, Tweed und Chiffon. Jan hob eine Hose mit Schlag hoch, der Schlag begann bei den Knien und entwickelte sich zu zwei gefransten Zelten.

«Guck dir das an», sagte Jan. «Haben wir wirklich so was getragen?»

«Im ersten Semester. Schlag ist wieder modern. Hast du das noch nicht gemerkt?»

«Nein. Ich kann keinen Unterschied mehr zwischen Geschmack und Ironie feststellen. Sind Hot pants auch wieder modern?»

Sigrid riß sie ihm aus der Hand und lachte.

«Das hier ist auch noch nie wieder so richtig in Mode gekommen.»

Sie zeigte ihm einen taillierten hellblauen Wollanzug, einreihig, mit breitem Schlag und abgewetzten Taschenklappen. Jan mußte sich die Augen zuhalten. Fast hätte er geschrien.

«Immatrikulation. Pack das weg. Sei so gut. Das tut ja weh!»

Und so machten sie weiter, wühlten sich durch Textilien und Staub, durch Kleider, die sie zur Seite geworfen hatten, nachdem sie von einer Fete heimgekommen waren, Kleider, aus denen sie herausgewachsen waren, Kleider, die sie eines Tages plötzlich häßlich fanden, die breiten, karierten Schlipse, die zu einem schmalen, roten Lederstreifen zusammengeschrumpften Röcke, die immer länger wurden, die Geometrie der Hemdzipfel, Schlitz, Unisex, Lackvinyl, Webpelz, indisch, afrikanisch, Jersey, ein Karneval, der schon vor langer Zeit heimgegangen und still auf den Plastikbügeln geschlafen hatte. Und zum Schluß, ganz tief unten, ein zusammengelegter Stapel Kinderkleidung.

«Wir geben alles weg», sagte Sigrid. «Es lohnt sich nicht, irgendwas aufzuheben.»

«Deine Hot pants auch? Dann werden sie sich aber freuen beim Blauen Kreuz.»

Jan leerte die Weinflasche und versuchte zu lachen.

Sigrid schaute ihn an.

«Es erbt doch sowieso niemand. Ist doch besser, als es wegzuwerfen, oder?»

Einen Moment lang blieben sie still stehen, in einem Kleiderhaufen, in diesem merkwürdigen, unbeweglichen Dunst verlassener Dinge, einem Moor aus Zeit.

Jan hob den Koffer wieder hoch.

«Den können wir auch weggeben», sagte er.

«Jan, die wollen Kleider. Das ist kein Flohmarkt.»

«Dann legen wir die Kleider in den Koffer. Ich möchte gern einen neuen haben.»

Sigrid ging zu ihm.

«Wollen wir wegfahren?»

«Warum nicht?»

«Und wohin?»

«Wohin willst du?»

«Ich habe zuerst gefragt», sagte Sigrid, «nicht schummeln.»

«New York, vielleicht.»

«Dann sagen wir also New York.»

Sie stopften alles, was hineinpaßte, in den Koffer, den Rest packten sie in zwei Müllsäcke. Und in dieser Nacht kam Sigrid mit einer neuen Zärtlichkeit zu ihm, einer wilderen Zärtlichkeit.

«Acht. Vierzig», flüsterte sie.

«Was?»

Ihr Haar fiel über sein Gesicht.

«Deine Bestzeit.»

Jan setzte sich im Bett auf, ein weißer Schatten fiel in den Raum, die grünen, viereckigen Zahlen des Weckers standen plötzlich still. Sie drehte sich um, er bog sie nach vorn und preßte sich von hinten in sie, bis einer von ihnen schrie.

Der Schnee blieb liegen. Der Winter war ein zuverlässiger Präparator. Jan wechselte die Schuhe, imprägnierte sie und ging jeden Morgen in die Schule. Die Tippgemeinschaft verlor ihren Gewinn. In dem engen Raucherzimmer hinter der Garderobe wurden es immer mehr. Die Schüler starben langsam über ihren Aufsätzen. Es war die Rede von einem neuen Seminar im Frühling, Evaluierung und das Selbstbild des Schülers. Jan meldete sich nicht an. Eines Nachts kam Sigrid betrunken von der Weihnachtsfeier der Norske Tekster AS nach Hause. Sie schlief im Wohnzimmer, in ihren Kleidern. Jan lag im Bett und wartete. Er hatte seit mehreren Stunden wach gelegen und gewartet. Dann ging er zu ihr, zog ihr vorsichtig die Stiefeletten aus, deckte eine Wolldecke über sie und stellte eine Selters auf den Tisch. Sie sah alt aus, die Falten um ihren Mund sahen aus wie Stiche, mit denen die Lippen zusammengenäht waren. Die Augenlider waren viel zu groß. Ihr Mantel lag im Flur auf dem Boden. Als er ihn aufhängen wollte, steckte er seine Hand in die Tasche. Ich will nur sehen, ob sie etwas verloren hat, dachte er. Sie hätte ja etwas verlieren können. Er fand die Eintrittskarte fürs Fest. Sie war nicht benutzt. Er legte sie in die Tasche zurück und warf den Mantel wieder auf den Boden.

Am nächsten Sonntag, dem ersten im Advent, nahmen sie ein Taxi zum Universitetsplass und legten Koffer und Müllsäcke unter die Tanne, die gerade eben angezündet worden war. Es lagen schon ziemlich viele Pakete da. Die Heilsarmee spielte und sang, ihre Mitglieder trugen graue Handschuhe ohne Finger. Jan fiel eine Todesanzeige ein, die er gesehen hatte: befördert zur Herrlichkeit.

Zurück nahmen sie die Straßenbahn.

«Was wünschst du dir?» fragte Sigrid.

«Das weißt du doch. Was wünschst du dir?»

«Das weißt du doch.»

Dann stiegen sie aus.

Sie feierten Weihnachten allein. Der Baum reichte bis fast an die Decke, es war gerade noch Platz für einen Stern ganz oben. Sie steckten zwei Mandeln in den Reispudding, schafften es aber nicht, alles aufzuessen. Sigrid bekam eine Videokamera. Jan bekam einen Koffer. Sie filmte ihn, während er auspackte, einen blauen Samsonite, mit Zahlenschloß und seinen Initialen in großen Buchstaben unter dem Handgriff. Er war schon ohne Inhalt ziemlich schwer.

«Danke», sagte er. «Genau das, was ich mir gewünscht habe.»

«Wie findest du die Farbe? Gefällt sie dir?»

«Die Farbe ist gut.»

Sigrid ging mit der Kamera ganz nah an ihn heran.

«Jetzt kannst du nicht mehr lügen», sagte sie. «Der Bon für den Umtausch ist dabei.»

Jan lachte und wandte sich ab.

«Was meinst du? Wieso lügen?»

Sigrid ging ihm nach, um ihn herum.

«Lächeln, Jan.»

Sie war dicht vor seinem Gesicht.

«Hör auf. Nun hör auf, verdammt noch mal.»

«Lächeln, Jan. Und nicht lügen. Du kannst ihn gern umtauschen.»

Am zweiten Weihnachtstag war die Premiere von *«Die Brücken am Fluß»*. Sigrid hatte zwei Karten. Der Saal war voll. Sie saßen in der siebten Reihe. Die Rahmenerzählung zehrte an der Geduld des Publikums. Schokoladenpapier brannte, das Feuer sprang von Sitz zu Sitz. Jan dachte an Aristoteles, die Ästhetik des Anfangs, die Notwendigkeit eines Anfangs, der gleichzeitig Schönheit und Kraft ist, im gleichen Satz, die Prämisse des Schwebens. Er legte seine Hand in Sigrids Schoß. Sie strich ihm über die Finger. Dann kam der Film doch noch zur Sache. Es wurde still. Endlich waren die Stimmen gedämpft, aber immer noch lautstark genug. Es war die Stunde der Taschentücher, das waren Träume in Großbuchstaben, mit dem blauen Alphabet vor einem Publikum geschrieben, das weiß, was es heißt, zu schluchzen, das schrecklich gern schluchzt. Das war Romantik für Fortgeschrittene, das war Weiterbildung in Gänsehaut. Jan warf Sigrid einen schnellen Blick zu. Sie drückte seine Hand. Sie hatte es natürlich schon vorher gesehen, Wort für Wort, Satz für Satz. Und in dem Moment erkannte er die Szene wieder, die auf ihrem Bildschirm wie eingefroren dagestanden hatte: Das war Clint Eastwood im Regen, in einer amerikanischen Kleinstadt, an einer Kreuzung, der alte Clint Eastwood im strömenden Regen, in der letzten Ecke einer Erzählung, in dem Augenblick, wo ein Tropfen ein Leben verändern kann.

Als sie aus dem Kino kamen, in die glitzernden, schmutzigen Straßen, nahm Sigrid seinen Arm, jäh und fest.

«Wie fandest du den Film?» fragte sie.

Aber Jan hatte gerade eine Gestalt entdeckt, weiter unten auf der Straße, einen Penner, einen Bettler, in einem abgerissenen Mantel. Er trug einen Koffer, und Jan erkannte ihn wieder. Das war sein Koffer, er konnte den Adreßzettel sehen, den abzureißen er vergessen hatte, sein Koffer, sein Name. Und plötzlich schien es ihm, als würde er sich selbst sehen, mit all seinem Gepäck, dort längsgehen, das war er, Jan, der dort ging, zwischen den Mülleimern hindurch, einen Koffer mitschleppend, am zweiten Weihnachtstag. Die feine Glasur zwischen dem Trivialen und dem Chaos zerbrach. Es war wie ein Abschied, und Jan wäre fast hinter dem Mann hergelaufen.

Sigrid hielt ihn fest.

«Wie fandest du den Film?» wiederholte sie.

Der Bettler drehte sich kurz um, lächelte, sein Gesicht war von Schorf und Wunden bedeckt, der Mund war schwarz und schief. Dann verschwand er hinter der nächsten Ecke.

«Ich habe einen Revolver vermißt», sagte Jan.

Sigrid ließ seinen Arm los, Jan eilte ihr nach.

«Er war gut. Eastwood ist erwachsen geworden.»

Sie blieb stehen und sah ihn an, lächelte.

«Keine Lügen.»

«Ich lüge nicht. Meryl Streep war auch gut. Vor allem zum Schluß.»

«Deine Hand war verschwitzt, Jan. Es war, als hätte ich einen Schwamm im Schoß liegen.»

Er gab auf und legte den Arm um sie.

«Das Schlimmste, was ich je gesehen habe», sagte er. «Aber deine Untertitel waren jedenfalls gut.»

«So langsam überlege ich, ob Synchronisation nicht doch das beste wäre.»

«Und wer soll Clint Eastwoods norwegische Stimme werden? Per Aabel?»

Sigrid lachte.

«Dann kann Wenche Foss Meryl Streep sein.»

«Und du wirst arbeitslos. Wollen wir ein Taxi nehmen? Da kommt eins.»

«Wir nehmen die Straßenbahn», sagte Sigrid.

«Es ist Weihnachten. Ich möchte nach Hause und Gløgg trinken. Und zwar schnell.»

Das leere Taxi fuhr vorbei. Sie gingen zur Stortingsgata und warteten dort. Es begann wieder zu schneien. Die Lichter auf den Tannenbäumen zitterten. Aus einem Restaurant hörten sie Musik. Dann kam endlich die Straßenbahn, sie bezahlten beim Schaffner und gingen im Wagen nach hinten, setzten sich. Der Schnee schmolz auf ihren Kleidern. Als sie sich ihrer Haltestelle näherten, stand Jan auf und drückte auf den Halteknopf.

Sigrid blieb sitzen.

«Wir müssen raus», sagte Jan.

Sie antwortete nicht. Jan hielt sich an der Stange fest. Die Straßenbahn hielt.

«Wir müssen raus», wiederholte er.

Sigrid blieb sitzen. Der Schaffner sah zu ihnen. Jan beugte sich zu ihr hinunter.

«Sigrid? Kommst du?»

Sie sah ihn an.

«Ich muß hier nicht raus.»

«Nun mach keinen Quatsch. Wir steigen immer hier aus.»

«Ich nicht.»

«Nun komm schon.»

Jan faßte sie beim Arm. Sie riß sich los.

«Steig aus», sagte sie.

Die anderen Fahrgäste beobachteten sie jetzt. Es sah allmählich aus wie ein richtiger Auftritt.

«Ja», sagte er. «Ich steige aus. Ich steige hier aus.»

Jan blieb einen Moment lang stehen, wartete auf sie. Sie kam nicht. Sie blieb sitzen. Sie schaute woanders hin. Er ging schnell zum Ausgang und sprang auf den Fußweg. Und als die Straßenbahn neben ihm weiterfuhr, konnte Jan ihr Gesicht sehen, hinter der Scheibe, die von Schnee und Wasser verschmiert war. Sie sagte etwas, er konnte ihre Lippen sehen, die sich langsam bewegten, aber er verstand nichts. Und ihm fiel der Abend ein, an dem er sie das erste Mal hatte weinen sehen. War das der Film, der sie dazu gebracht hatte, war er es, oder hatte sie nur geweint, weil alles so gekommen war, wie es war? Eine Sekunde lang sahen sie einander in die Augen, bis sie verschwand, und es wurde Jan klar, daß er nichts von ihr wußte. Nichts außer einer persönlichen Bestleistung, vor langer Zeit gemessen.

Hundertsiebzehn Schuhe

Es gab viele, die behaupteten, Hartvigs Vater sei ein eitler Mann. Jeden Samstag strich er sich Schuhcreme ins Haar. Hartvigs Vater hieß Wilhelm Nikolaisen, aber die meisten nannten ihn einfach Willy. Er kannte alle und hatte keine Freunde. Heute war Samstag, es war Tanz in der Festhalle, und es hatte seit einer Woche geregnet.

«Hierher!» rief Willy.

Hartvig ging zum Bett und setzte sich neben ihn. Vater hatte eine Hand in einen Schuh gesteckt, in der anderen Hand hielt er eine Bürste, mit der er fest und schnell über die Schuhspitze und um die Hacke herum strich. Eine Weile lang sagte er nichts. Hartvig schaute genau zu. Der Regen schlug gegen das Fenster.

«Siehst du, wie ich es mache?» fragte Vater.

Hartvig nickte.

«Gut. Denn das ist wichtig.»

Vater legte die Bürste hin und holte einen gelben Putzlappen heraus, mit dem er das Leder rieb, bis der Schuh wie ein schwarzer Spiegel aussah. Ein Schweißtropfen lief ihm die Stirn hinunter, blieb am Kinn hängen, löste sich und fiel auf das Bein. Hartvigs Vater war der einzige, der auch bei Regenwetter schwitzte. Dann nahm er die Hand aus dem Schuh und stellte ihn vorsichtig neben den anderen vor sich auf den Boden.

«Hol deine», sagte Vater.

Hartvig lief auf den Flur und holte seine guten Schuhe, die dort auf einer Matte standen, zwischen den vielen Schuhen von Mutter, das waren mindestens fünf Paar, hohe und flache, in allen Farben und Formen. Hartvig zählte schnell, es waren sogar sechs Paar, wenn er ihre Hausschuhe mitrechnete, und das tat er. Er eilte zurück ins Schlafzimmer. Vater saß noch immer auf dem Bett, mit nacktem Oberkörper, den Kopf in die Hände gestützt. Sein Rücken war weiß und krumm, seine Schultern hinunter wuchs ein dunkler Flaum. Plötzlich wischte er sich mit dem Putzlappen den Nacken und seufzte tief, es klang fast wie ein Gähnen – oder wie ein Schluckauf. Hartvig stellte sich vor ihn, die Schuhe parat. Vater schaute auf, lächelte und zog ihn neben sich aufs Bett. «Jetzt bist du dran», sagte er.

Hartvig schob seine Hand in einen Schuh, das war merkwürdig, als hätte er einen falschen Handschuh an. Vater gab ihm die Bürste und drückte ein wenig Schuhcreme aus der Tube. Und Hartvig versuchte es genauso zu machen, wie er es bei Vater gesehen hatte. Eine Weile lang sagten beide nichts. Vater schaute genau zu. Dann schüttelte er langsam den Kopf und legte seine Hand auf Hartvigs Finger.

«Immer nur in eine Richtung putzen, Hartvig. Zur Spitze hin. Immer zur Spitze hin. Sonst gibt es Streifen. Und die wollen wir doch nicht haben, oder?»

Hartvig drückte die Bürste zur Spitze hin, mit ein wenig Hilfe von Vater, so fest er konnte. Es roch immer noch nach Parfum im Zimmer, ihm wurde fast übel.

«Wann kommt Mutter zurück?» fragte er.

Vater ließ seine Hand los.

«Und paß auf die Schnürsenkel auf. Wenn du die Schnürsenkel einschmierst, kannst du alles vergessen. Die Senkel *in die* Schuhe, Hartvig.«

Vater gab ihm nun den Putzlappen und lehnte sich auf den Ellbogen zurück.

«Bald», sagte er. «Mutter kommt bald.»

«Wo ist sie eigentlich?» fragte Hartvig.

Vater richtete sich wieder auf und seufzte noch einmal.

«Sanft, Hartvig. Sanft und bestimmt. Als ob du eine Katze streichelst. Verstanden?»

Hartvig wußte nicht so recht, ob er verstanden hatte, aber er wischte mit dem Putzlappen so sanft und bestimmt, wie er nur konnte und ließ die Schnürbänder aus.

«In der Stadt», sagte Vater.

«Was macht sie da?»

«Besucht Verwandte. Sieh her! Die Hacke ist genauso wichtig wie die Spitze. Es nützt nichts, ein sauberes Gesicht zu haben, wenn dein Nacken dreckig ist, oder?»

«Nein. Wen besucht sie denn?»

Vater nahm ihm den Putzlappen ab, wickelte ihn sich stramm um die Hand und rieb fest über den Spann vor und zurück, daß das ganze Bett zitterte. Das tat bis weit in die Arme hinauf weh.

«Die Schuhe sind das erste, worauf die Damen achten, Hartvig. Du kannst so schöne Kleidung tragen, wie du willst, Manschettenknöpfe aus Gold, aber wenn die Schuhe dreckig sind, dann nützt das alles nichts. Verstehst du, was ich meine, Hartvig?»

Hartvig flüsterte.

«Ja, Vater. Ich verstehe.»

«Sie besucht Tanten. Habe ich das nicht schon gesagt?»

Sicherheitshalber wischte Vater beide Schnürsenkel ab.

«Doch. Aber wie heißen sie?»

«Wie sie heißen? Ach, in der Stadt haben sie alle möglichen Namen. Sicher Tombola, Basar und Zirkus. Oder so.»

Hartvig lachte laut auf. Vater legte einen Arm um ihn. Der Schuh in Hartvigs Hand glänzte.

«Siehst du», sagte Vater. «Der Schuh ist die Seele des Mannes.»

«Damenschuhe auch?»

Jetzt mußte Vater lachen.

«Die Damen haben alles mögliche, weißt du. Schmuck und Ohrringe und Gott weiß was sonst noch. Wir müssen uns an unsere Schuhe halten. Das ist das einzige, was wir haben.»

Vater faltete den Putzlappen zusammen, wischte sich den Schweiß von der Stirn und sah zum Fenster.

«Seit wann regnet es jetzt schon, Hartvig?»

«Seit Mutter weggefahren ist.»

Vater schaute woanders hin.

«Der Regen ist das schlimmste», sagte er leise. «Der ganze Dreck, den die Leute mit reinschleppen.»

Hartvig stellte seine Schuhe auf den Boden neben Vaters, jetzt waren es zwei Paar, Größe 43 und 34, sie leuchteten fast, so blank waren sie, ein schwarzes Licht. Es hörte nicht auf zu regnen.

«Hol die Hemden», sagte Vater.

Das tat Hartvig, er holte sie aus der Küche, und bald standen sie vor dem Spiegel auf der Innenseite der Schranktür und knöpften beide ihr weißes Hemd zu, das den ganzen Tag zum Trocknen über dem Herd gehangen hatte und leicht nach Kaffee und angebranntem Auflauf roch. Und Hartvig war Vaters Spiegel, ein Spiegel mit etwas Verzögerung. Hartvig ahmte alles nach, was Vater tat, jede kleinste Bewegung, wie der Vater, so der Sohn. Er beugte seinen Kopf nach hinten, so daß der oberste Knopf an Ort und Stelle kommen konnte, schob zwei Finger unter den Kragen und atmete aus. Sie zogen sich beide ihre Jacken an und rückten die Schultern ein wenig gerade, der Vater zuerst und Hartvig gleich danach, strichen den Umschlag zurecht, zogen den Bauch ein und schoben den Brustkasten hoch, aber zum Glück brauchte Hartvig keinen Schlips umzubinden. Vater mühte sich lange mit dem Knoten ab und fluchte dreimal, bevor er ihn hinbekam. Hartvig legte die vier Schuhe vorsichtig in ein Netz, Vater begann zu pfeifen, schob sein Gesicht fast in den Spiegel hinein, befeuchtete seinen Mittelfinger im Mund und kratzte mit dem Nagel den Scheitel entlang auf der rechten Seite.

«Heute abend wird es voll werden», sagte er. «Mit einer Band aus Schweden! Das sage ich dir.»

«Wie voll denn?»

«Genauso voll, wie Platz ist. Hast du dich gekämmt?»

«Ja.»

Hartvig rückte wieder näher.

«Und wenn Mutter zurückkommt, während wir weg sind?» fragte er leise.

Vater ließ langsam seine Hände sinken und ballte sie.

«Dann weiß sie, wo wir sind. Natürlich. Es ist doch Samstag.»

Hartvig zögerte etwas.

«Ich kann ihr einen Zettel schreiben», sagte er.

Vater stand mit dem Rücken zu ihm da, stand zwischen dem Spiegel und Hartvig. Er öffnete seine Hand, Finger für Finger.

«Mach das. Aber beeil dich. Was denkst du, was die Leute sagen, wenn Wilhelm Nikolaisen zu spät kommt?»

Vater zog einen Kamm aus seiner Innentasche und strich ihn schnell über seinen Oberschenkel.

Hartvig blieb stehen.

«Was soll ich schreiben?» fragte er.

«Hast du die Schuhe ins Netz gepackt?»

«Ja, Vater.»

«Paar für Paar und die Sohlen aufeinander?»

«Ja, Vater.»

Vater steckte den Kamm wieder in die Tasche, als hätte er plötzlich vergessen, wozu er ihn benutzen wollte. Statt dessen nahm er einen Schluck aus einer flachen

Flasche, die auf dem obersten Regal im Schrank stand, lehnte sich zurück, gurgelte lange, bevor er alles mit einem lauten Stöhnen hinunterschluckte und sich noch einmal den Schlipsknoten festzog.

«Daß wir zur Arbeit sind», sagte er schließlich. «Was sonst?»

Hartvig war bereits auf dem Weg, blieb aber noch einmal stehen. Vater stellte die Flasche auf die Fensterbank, hinter die Gardine, es sah fast so aus, als würde er die Flasche zum Nachfüllen in den Regen stellen.

«Soll ich auch fürs Abendessen decken?» fragte Hartvig.

«Abendessen? Dann wohl besser fürs Frühstück, nicht wahr?»

Hartvig lief in die Küche hinaus, stellte Teller, Tassen und Besteck für drei Personen auf den Tisch. Dann schrieb er mit großen Buchstaben ganz oben auf Mutters weiße Papierserviette, eine von denen, die Vater jeden Samstag stapelweise mitbrachte: *Hallo! Wir sind zur Arbeit. Bald zurück. Grüße Hartvig und Vater.* Er las es leise, überlegte, strich den letzten Satz durch und schrieb statt dessen: *Grüße Hartvig und Wilhelm.* Aber das sah auch nicht richtig aus, und schließlich schrieb er auf eine neue Serviette: *Hallo! Wir sind zur Arbeit. Bald zurück. Grüße Willy und Hartvig.*

Als er wieder ins Schlafzimmer kam, stand Vater immer noch vor dem Spiegel, er sah Hartvig gar nicht, aber Hartvig sah ihn und blieb wortlos stehen. Vater drückte sich ein wenig Schuhcreme auf die Finger und rieb sie direkt über den Ohren ins Haar, dort gab es ein paar graue Streifen. Lange war er damit beschäftigt, und hinterher holte er einen runden Taschenspiegel hervor, in dem er sich besser anschauen konnte, und schließlich zog er mit dem Kamm von beiden Seiten noch einmal den Scheitel, knöpfte seine Jacke in der Mitte zu und lächelte sich selbst an.

«Jetzt siehst du gut aus», sagte Hartvig.

Vater drehte sich abrupt um und wäre vor Schreck fast umgefallen, konnte sich aber noch auffangen.

«Hol die Gummistiefel!» sagte er.

Es war zehn nach sechs. Es regnete immer noch. Sie gingen hinaus, unter Vaters schwarzem Regenschirm, unter dem es für beide genug Platz gab. Sie gingen die Straße zwischen den Bergen entlang, wo der Regen noch als Schneeregen und Schnee fiel, und durch die breite Bucht. Die Häuser lagen hinter ihnen, das Postamt, der Konsum, die Volksschule, die Meierei, ein paar schiefe Häuser und eine Kirche, die vor dem niedrigen Himmel wie ein Ausrufungszeichen aussah. Das war die Straße, auf der die meisten möglichst schnell fuhren, um woandershin zu kommen. Und vor ihnen lag die Festhalle, auf dem Grashügel unterhalb des alten Fußballplatzes, ein niedriges Holzgebäude mit flachem Dach, von dem niemand glaubte, daß es noch einen Winter überstehen würde. Und hinter den Tropfen konnten sie die Eingangstür sehen, die mit roten, gelben und blauen Glühbirnen geschmückt war. Und an allen Telegraphenmasten und Milchrampen hingen Plakate mit Bildern von

The Heartbeats aus Kiruna. Der Weg, den sie gingen, war weich. Bei jedem Schritt sanken sie in den Matsch ein, alles tropfte, die kleinen Feldfetzen sahen aus wie Seen, alles floß, die Wegränder lösten sich, Keller standen unter Wasser, es hatte jetzt seit einer Woche ununterbrochen geregnet.

Als sie sich ihrem Ziel näherten, wurde Vater langsamer, blieb fast unter dem Schirm stehen, den der Wind plötzlich in einer Böe umstülpte.

«Stil», sagte Vater und mußte laut reden. «Auf den *Stil* kommt es an.»

«Wohnt Mama in der Stadt im Hotel?»

Vater mühte sich mit den Schirmspeichen ab, aber der Wind hatte sich festgesetzt und ließ sich nicht erschüttern.

«Natürlich wohnt sie im Hotel. Wo denn sonst?»

«Bei einer der Tanten.»

Vater gab auf und warf den Schirm hinter die morsche Zielscheibe, auf die sowieso niemand mehr schoß.

«Das mußt du dir merken», sagte er. «Wenn du keinen Stil hast, dann hast du keine Chance. Komm jetzt.»

Sie liefen zwischen den Glühbirnen hinein in die Festhalle, und dort gab es zunächst einen breiten Eingangsraum mit brauner Holzvertäfelung an den Wänden. Links hingen zwei große Spiegel, an deren Seiten die Toiletten waren, eine für die Herren, eine für die Damen. Und rechts war ein langer Tresen mit Resopalplatte, und hinter dem Tresen war die Garderobe mit Schuhregalen und Kleiderständern. Vater öffnete eine Klappe und ließ Hartvig hinein, folgte ihm und ließ die Klappe ohne einen Laut auf ihren Platz zurückfallen.

«Hier kommt niemand rein», sagte er. «Außer uns beiden. Nur daß du's weißt.»

Sie zogen sich ihre Gummistiefel aus, und in dem Moment tauchte Abrahamsen auf, in seinem weiten schwarzen Anzug, mit einem Taschentuch in der Brusttasche und einem schmalen, glänzenden Bärtchen. Er sah aus wie jemand aus einem ausländischen Film. Er schlug zweimal kurz mit seinem Schlüsselbund auf den Tresen, Vater drehte sich augenblicklich um und verbeugte sich tief. Hartvig tat es ihm nach, auch er verbeugte sich tief.

Abrahamsen sah ihn an und strich sich mit dem Finger über den Mund.

«Wozu soll das gut sein?»

Abrahamsen richtete seinen Blick langsam auf Vater, der noch den einen Gummistiefel in der Hand hatte und den zweiten am Fuß.

«Der Junge stört nicht. Er kann Toilettenwacht sein, unter anderem.»

Abrahamsen öffnete die Luke. Vater machte einen schrägen Schritt nach vorn und stellte sich vor ihn. Abrahamsen zögerte, so blieben sie eine Weile stehen, direkt einander gegenüber, dann zuckte Abrahamsen mit den Schultern und lächelte.

«Wollen wir hoffen. Daß er nicht stört. Wie heißt er noch?»

«Hartvig», sagte Vater. «Genau wie mein Vater.»

«Es ist wohl auch nicht schön für Hartvig, den ganzen Samstagabend allein zu Hause zu sitzen.»

Die Klappe fiel mit einem Knall. Abrahamsen drehte sich zwischen den Spiegeln hin und her, es gab einen für Damen und einen für Herren, er richtete seine Krawatte und zog ein wenig an seinen Hemdsärmeln, so daß die beiden goldenen Manschettenknöpfe gut zu sehen waren. Vater stand immer noch an der gleichen Stelle, den Gummistiefel in der Hand. Sein Mund war zusammengepreßt, kaum zu sehen. Hartvig bewegte sich nicht.

«Es werden viele kommen», sagte Abrahamsen. «Mit *The Heartbeats* aus Schweden auf dem Plakat.»

Vater atmete aus, sein Mund wurde wieder normal.

«Sicher. Ich habe es gerade Hartvig gesagt. Daß heute abend viele kommen werden. Wegen *The Heartbeats* aus Kiruna.»

Abrahamsen wandte sich ihnen wieder zu.

«Und alles Mitgebrachte wird an mich persönlich abgeliefert.»

«Jawohl.»

«Und betrunkene Männer werden nicht eingelassen, bevor sie sich nicht besonnen haben.»

«Wird gemacht. Wenn du es sagst.»

Vater guckte verstohlen zu Hartvig hinunter und versuchte ein Lächeln in den Mundwinkeln zu unterdrücken.

«Ganz genau. Ich sage es.»

«Und was ist mit den Damen?» fragte Vater.

«Was soll mit den Damen sein?»

«Müssen die sich auch besinnen, bevor sie reingelassen werden?»

Abrahamsen strich sich schnell noch einmal über seinen Schnurrbart.

«Und noch etwas», sagte er. «Es werden keine Servietten aus dem Gebäude herausgeschafft.»

Damit ging Abrahamsen, und jetzt war es an Vater, sich nicht zu bewegen, bis sie in weiter Ferne hören konnten, wie eine Tür geschlossen wurde. Dann lachte er laut, schleuderte den zweiten Gummistiefel vom Fuß, Hartvig tat es ihm nach, und sie zogen sich ihre schwarzen Schuhe an, die waren so weich am Fuß und so leicht, daß man fast das Gefühl haben konnte, barfuß auf Auslegeware zu gehen.

«Hast du seine Schuhe gesehen?» fragte Vater und konnte kaum aufhören zu lachen. «Wurstpelle mit Bändern dran. Wirklich nichts Besonderes.»

«Ist er der Chef?» flüsterte Hartvig.

Vater hatte aufgehört zu lachen.

«Abrahamsen? Abrahamsen ist der Chef von allem, ausgenommen die Garderobe. Denn hier bin ich der Chef und niemand sonst! So, jetzt zeige ich dir alles, Hartvig.»

«Soll ich Toilettenwacht sein?»

«Das war nur etwas, was ich gesagt habe, um Abrahamsen zu beruhigen. Komm mal her, Hartvig!»

Sie standen auf, und Vater ging zu einem Schrank an der Wand, holte einen Schlüssel aus seiner Brieftasche und schloß den Schrank unter feierlicher Stille auf.

Vater sprach leise.

«Das hier nenne ich den Sicherungskasten. Alles, was du an einem Samstagabend brauchst, findest du hier, Hartvig, ohne Ausnahme.»

Hartvig ging einen Schritt näher, stellte sich auf die Zehen und guckte in den Sicherungskasten. Dort gab es Deodorants, Streichholzschachteln, Seife, Binden, Toilettenpapier, sechs Flaschen Hustensaft, Spalttabletten, eine Thermosflasche, Heftpflaster, Jod, Mundwasser, Nadel und Faden und ein grünes, viereckiges Kästchen. Das holte Vater heraus, stellte es vorsichtig auf den Tresen, holte einen zweiten Schlüssel aus der Brieftasche heraus, der viel kleiner war als der erste, und öffnete das Kästchen.

«Paßt du auf, Hartvig?»

Hartvig nickte mehrmals und paßte auf.

«Denn jetzt kommt nämlich das Wichtigste. Das ist das Herz der Garderobe.»

In dem Kästchen lag das Wechselgeld für größere Summen und ein Stapel mit Nummernzetteln, alle oben mit einem Loch versehen, und immer drei mit der gleichen Zahl waren zusammengeklammert. Vater nahm ein Bündel heraus, auf dem *elf* stand, und zog Hartvig zu sich heran.

«Zwei der Nummernzettel ziehst du über die Schnürsenkel. Von *beiden* Schuhen. Und den dritten Zettel gibst du mir, und ich gebe ihn dem Besitzer der Schuhe weiter. Das kostet fünfzig Öre, und dabei sage ich immer *Bitte schön, ich wünsche einen schönen Abend, und beehren Sie uns wieder, wenn Sie gehen.* Ohne Höflichkeit kein Stil, Hartvig.»

«Ja, Vater. Ich meine, nein, Vater.»

«Und wenn jemand hohe Stiefel oder Stiefeletten hat, an denen es keine Schnürsenkel, Reißverschlüsse oder Schlaufen gibt, dann legen wir die Zettel *oben in sie hinein.* So daß kein Irrtum möglich ist. Und das Überzeug hängen wir auf den Haken direkt darüber. Verstehst du das, Hartvig?»

«Ja, Vater.»

«Gut! Denn wenn du erst einmal mit den Schuhen durcheinanderkommst, dann bist du verloren.»

Vater stellte das Kästchen auf ein schmales Regal unter dem Tresen und sah Hartvig zufrieden an.

«Auf dieses System bin ich ganz allein gekommen. Und es hat immer funktioniert.»

«Hast du es erfunden?»

«Ja, das habe ich. Die meisten benutzen nur zwei Nummernzettel. Einen für die Schuhe und einen für den Gast. Aber da mußte ich mich ja fragen: Hat der Gast nicht meistens *zwei* Schuhe, nämlich ein Paar? Und sind dann drei Zettel nicht die sicherste Methode? Die Antwort war ja, Hartvig. Ich hatte recht.»

Da konnten sie aus dem Tanzsaal Musik hören. *The Heartbeats* stimmten ihre Instrumente. Es waren Trommeln, Baß, Gitarre und Orgel, und jemand zählte auf englisch in ein Mikrophon, *one, two, one two three, one two.* Weiter als bis drei kamen sie nie, und Hartvig beugte sich so weit er konnte über den Tresen, um besser sehen zu können, aber da packte Vater ihn an seinem Gürtel und zog ihn ruhig und entschlossen auf den Boden zurück.

«Nicht neugierig sein», sagte er. «Das ist das zweite Gebot der Garderobenwacht.»

«Was ist das erste?»

«Das habe ich dir schon gesagt. Du mußt Stil haben.»

Vater lächelte und beugte sich zu Hartvig hinunter.

«Und dann ist da noch das elfte Gebot der Garderobiere.»

«Das elfte Gebot?»

Vater flüsterte.

«Versuche nicht, Willy reinzulegen. Nun lauf rein und hör dir die Musik an, Hartvig. Ich muß den Sicherungskasten aufräumen.»

Hartvig kroch unter der Luke hindurch und stellte sich in die Türöffnung. *The Heartbeats* standen ganz hinten im Saal auf einer Bühne. Es war der Sänger, der auf englisch zählen übte, und alle hatten gleiche Frisuren und genau die gleichen Anzüge, rote Jacken, die zu eng zu sein schienen, als wären sie in der Mitte eingelaufen. Der Sänger hörte auf zu zählen und begann eine Melodie zu singen, die Hartvig vor nicht allzu langer Zeit im Radio gehört hatte, aber alle hörten sofort auf, als es aus einem Lautsprecher aufheulte, und dann fluchte der Sänger lang und breit auf norwegisch in sein Mikrophon, bevor er wieder ganz von vorne anfing. An den Wänden hingen Girlanden, und der Saal war größer, als Hartvig gedacht hatte, nachdem er die Festhalle von außen gesehen hatte. Er war fast größer als die Kirche, aber dort war es höher. Dem Gitarrist riß eine Saite, und auch er fluchte ausgiebig auf norwegisch, während der Schlagzeuger ihn auf schwedisch zu beruhigen versuchte. Der Regen fiel aufs Dach, ein stotterndes Brausen, das nicht aufhörte. In einer Ecke standen mehrere Tische mit Tischdecken und Servietten, und zwei Frauen mit weißen Schürzen und großen Haarspangen trugen einen Bierkasten zwischen sich und verschwanden hinter einer Schwingtür, die hinter ihnen noch weiter schaukelte.

Abrahamsen kam auf die Bühne und erklärte den Musikern etwas, die schüttelten alle Mann den Kopf und spielten so langsam und so leise, daß man mindestens ein Hörgerät brauchte, und Abrahamsen lächelte zufrieden, dämpfte das Licht und verschwand. *The Heartbeats* drehten wieder auf, und da hörte Hartvig, daß die Leute kamen, und er würde dieses Geräusch nie vergessen, das Geräusch all der Füße, die gleichzeitig die Eingangstreppe hinauftrampelten, Menschen, die bis hierher gelaufen waren, manche stundenlang, um an einem Samstagabend zu *The Heartbeats* aus Kiruna zu tanzen, und gleichzeitig hörte Hartvig den Regen aufs Dach trommeln, dieses Geräusch aus Regen und Schuhen, das würde er niemals vergessen. Die Musiker machten eine Pause, und Hartvig lief zurück zur Garderobe, gerade noch rechtzeitig, setzte sich auf einen Hocker hinter Vater, der sich schnell den Mund duschte, den Sicherungskasten schloß, vorsichtig den Sitz seines Haars überprüfte, einen Daumen in die Luft streckte, und Hartvig streckte auch einen Daumen hoch, und dann stürmten die Gäste herein. Hartvig kam kaum mit, zwei Zettel auf die Schuhe und einen für Vater, und der Vater sagte: *Bitte schön, ich wünsche einen schönen Abend, und beehren Sie uns wieder, wenn Sie gehen*, und jemand lachte und fragte: *Wann haben wir denn angefangen, uns zu siezen*, aber Vater ließ sich nicht beirren. Die Münzen klimperten in dem Geldkästchen, und es gab Schuhe in allen möglichen Variationen. Hartvig hatte nicht gedacht, daß es so viele verschiedene Schuhe gab. Es mußte soviel verschiedene Schuharten wie Füße geben, dachte Hartvig, oder jedenfalls halb soviel. Es gab Schuhe mit hohen Absätzen und mit flachen Absätzen, es gab Schuhe mit Reißverschluß und Spanner, es gab braune Schuhe und weiße und blaue, es gab Stiefeletten mit Futter und sogar ein Paar Wanderstiefel. Und jetzt spielten *The Heartbeats* wieder. Hartvig kannte sogar den Refrain. Und einige Schuhe rochen schlimmer als saure Milch und alte Muscheln, und in einem Stiefel lag ein Strumpf, den jemand vergessen haben mußte, und gerade als Hartvig dachte, es wäre jetzt erst mal Schluß, gab Vater ihm ein Paar, wie er es noch nie vorher gesehen hatte. Es waren zwei hohe Stiefeletten mit Verschnürung ganz oben, dicken Absätzen und Gummizug, und sie waren schwarzlackiert, glänzend und ganz glatt, fast wie eine Autokarosserie, und sie rochen nicht nach totem Fisch, sie rochen nach Geschirrspülmittel und Krokanteis. Hartvig legte in jeden einen Nummernzettel und mußte dann nachschauen, wer es wohl war, dem solches Fußwerkzeug gehörte. Es war Miriam, sie saß im Postamt, war fast dreißig und unverheiratet, obwohl sie wirklich jeden hätte haben können, den sie wollte, und vielleicht war sie gerade deshalb nicht verheiratet. Es kam vor, daß Männer von der ganz anderen Seite der Bucht kamen, nur um zu sehen, wie sie eine Briefmarke anleckte. Heute abend trug sie eine grüne Hose, die unten ganz weit war, und eine weiße Bluse mit Rüschen. Sie setzte sich auf einen Stuhl vor der Wand und zwängte ihre Füße in ihre Tanzschuhe, und als sie endlich aufstand, blieb sie einen Moment lang unsicher stehen, und Vater mußte ihr schnell einen rettenden Arm reichen, an dem Miriam sich festhielt, bis sie das Gleichgewicht fand, und danach gab er ihr den Nummernzettel mit der *59* drauf.

«Bitte schön, ich wünsche einen schönen Abend, und beehren Sie uns wieder, wenn Sie gehen», sagte Vater.

Miriam kicherte und wäre fast wieder umgefallen. Vater ließ seinen Arm zur freien Verfügung hängen. Sie steckte den Nummernzettel in die Tasche, erblickte Hartvig hinter dem Tresen und hörte auf zu kichern.

«Hallo Hartvig», sagte sie nur. «Du bist auch hier?»

«Ja», sagte Hartvig leise.

Miriam wandte sich schnell wieder Vater zu.

«Und, kommt heute abend Schwung in die Bude?» fragte sie.

«Daran wird's nicht fehlen. Mit *The Heartbeats* aus Kiruna.»

Miriam kicherte wieder.

«Ja, ich habe Gerüchte gehört, daß sie wirklich Erste Klasse der Zweiten Klassen sein sollen.»

«Wie bitte?» fragte Vater.

Jemand rief aus dem Tanzsaal nach Miriam, und sie eilte hinein. Drinnen ging der Radau weiter, man konnte kaum sein eigenes Wort verstehen. Vater schüttelte den Kopf und atmete tief durch. Dann goß er sich Kaffee aus der Thermoskanne ein, kippte ein wenig Hustensaft hinein und setzte sich zu Hartvig zwischen die Kleiderständer.

«Am schlimmsten ist es, wenn die Leute kommen und wenn sie gehen. Aber dazwischen ist es nicht so schlimm.»

Vater nahm einen Schluck aus seiner Tasse, schloß die Augen und schluckte langsam. *The Heartbeats* sangen mehrstimmig *Tänk om hela världen sjöng i kor*, und es wurde mit stampfenden Schritten dazu getanzt. Sie konnten fast spüren, wie der Boden unter ihnen zitterte.

Vater öffnete die Augen und leckte sich die Lippen.

«Stell dir die Garderobe wie ein Schiff vor», sagte er. «Du bist der Maschinist, und ich bin der Kapitän auf der Brücke.»

Hartvig hörte es gern, was Vater sagte. Ihm gefiel die Vorstellung, daß sie an Bord eines Schiffes waren und daß sein Vater und er es waren, die es lenkten.

Vater trank mehr Kaffee.

«Wohin fahren wir?» fragte Hartvig.

Vater überlegte.

«Wohin wir fahren? Doch, das werde ich dir sagen.

Wir werden unsere Passagiere sicher in den Sonntag bringen. Dort gehen sie an Land. In dem Hafen, der Sonntagmorgen heißt. Und es kann oftmals unruhiges Fahrwasser geben. Um Mitternacht herum gibt es viele Klippen.»

Hartvig zeigte auf all die Schuhe.

«Es sind wohl vor allem Herren an Bord», sagte er.

Vater lachte.

«Das stimmt. Gut, Hartvig! Und ich will nicht ausschließen, daß einige der Herren in die Rettungsboote gehen müssen, bevor wir ganz angekommen sind.»

Vater mußte den Kopf über alles schütteln, was er da sagte, und lächelte in einer Weise, wie er schon lange nicht mehr gelächelt hatte.

«Jetzt geht es uns gut, Hartvig. Nicht wahr?»

«Ja. Kann ich einen Schluck von dir haben?»

Da kam jemand hereingetrampelt und eilte mit schwerem Atem direkt an ihnen vorbei. Vater war sofort auf den Beinen und schlug mit der Faust auf den Tresen.

«Hast du nicht was vergessen, Robert?»

Robert kam zurück und beugte sich zu Vater, mit ungeduldigem Gesichtsausdruck.

«Das ist aber mein Lieblingslied, Willy! *Tänk om hele världen sjöng i kor!*»

Vater packte Roberts langen Mantel und zog ihn noch näher.

«Und das ist mein Job hier, Robert. Mantel und Schuhe bitte in der Garderobe abgeben.»

Robert schälte sich langsam aus dem großen Mantel.

Es war Robert gewesen, der vor zwölf Jahren bei dem legendären Kampf gegen das Inland mit einem Steilpaß von der Mittellinie aus den Siegestreffer geschossen hatte, und seitdem war er nicht mehr der alte. Die Leute redeten immer noch über dieses Tor, vor allem Robert selbst tat es, und die Anhänger vom Inland versuchten mehrere Saisons lang, den Treffer wegen des starken Rückenwinds annullieren zu lassen, aber den konnten sie gern mit ins Land nehmen, wie Robert es sagte, wenn er dazu aufgelegt war, schließlich zählt nur beim Sprint und beim Speerwerfen der Wind, zur Not noch beim Stabhochsprung und beim Hammerwerfen, aber niemals beim Fußball. Ein Tor ist ein Tor, und das bei jedem Wind und Wetter, und das hatte auch für schlechte Verlierer zu gelten.

Willy zog ihm das letzte Stück Mantel vom Körper und hängte ihn ans äußerste Ende des Garderobenständers.

«Vorsichtig!» schrie Robert. «Vorsichtig!»

Vater kicherte und hielt sich die Nase zu.

«Wie ich merke, hat sich das Futter in der Hausbar gelöst.»

Robert sah sich nach allen Seiten hin um und senkte die Stimme.

«Willst du 'nen Kleinen in die Tasse, Willy?»

«Ich trinke nicht während der Arbeitszeit.»

«Du gibst ihn aber nicht Abrahamsen! Das tust du nicht!»

«Der Mantel bleibt da hängen, wo er hängt. Die Schuhe, Robert.»

«Die Schuhe? Was ist mit den Schuhen? Ich habe nur diese!»

Willy beugte sich über den Tresen und betrachtete Roberts Schuhe. Hatte er es doch gewußt. Hartvig guckte unter der Klappe hindurch und sah das gleiche: Roberts alte Fußballstiefel, mit denen er das Tor gegen das Inland geschossen hatte, das ihn zwei Tage nacheinander auf die erste Seite der Lokalzeitung gebracht und ihn dazu gezwungen hatte, immer die Fähre zu nehmen, wenn er in die Stadt wollte, denn der Bus fuhr durchs Inland, und dort war er auf Lebenszeit unerwünscht. Aber Robert wußte auch keinen guten Grund, warum er in die Stadt fahren mußte, was sollte er dort, niemand in der Stadt wußte, wer Robert war, außerdem war es eine Drecksstadt.

«Die Stollen», sagte Vater.

Jetzt traute Robert seinen Ohren nicht mehr.

«Die Stollen? Was ist mit den Stollen?»

«Dic Stollen legst du hierher. Wir wollen da drinnen keine Schäden haben.»

Und Robert mußte die Stollen abschrauben, gab sie Hartvig und bekam von Vater einen Nummernzettel. In dem Moment fingen *The Heartbeats* mit *Five hundred miles away from home* an. Robert war kurz vorm Weinen.

«So eine Scheiße! Jetzt ist mein Lied schon zu Ende!»

«Beruhige dich», sagte Vater. «Das spielen sie Viertel vor eins noch einmal.»

«Viertel vor eins? Sicher?»

«Ganz sicher. Bitte schön, ich wünsche einen schönen Abend, und beehren Sie uns wieder, wenn Sie gehen.»

Und Robert ging auf flachen Sohlen in den Tanzsaal, wie ein Krebs, der schließlich doch noch seinen Weg zu den Ufersteinen gefunden hat. Vater sah Hartvig an.

«Verstehst du jetzt, was ich meine?»

«Ich glaube», sagte Hartvig.

«Wenn ich Stil sage, meine ich.»

Und zu mehr reichte es nicht, denn die ganze Zeit kamen Leute, die auf eine der Toiletten wollten oder zu zweit im Regen frische Luft schnappen mußten. Und immer wieder brauchte jemand etwas aus dem Sicherungskasten für eine Reparatur, vor allem, als *The Heartbeats* nach *Jag ringer på fredag* eine Pause einlegten und der Losverkauf an der Reihe war, der von Abrahamsen selbst durchgeführt wurde, zugunsten einer neuen Orgel in der Kirche. Einar, der Gabelstapler auf dem Kai fuhr, war mit einem Türpfosten zusammengestoßen und brauchte über seinem linken Auge ein Pflaster. Edel aus der Milchbar in der Meierei mußte drei Knöpfe an ihrer Bluse annähen. Walter von der Stallaufsicht brauchte eine Spalttablette, nachdem er zuviel Luft geschnappt hatte. Henry von der Fähre mußte seinen Arm in die Schlinge legen, nachdem er mit der Turnlehrerin Olga getanzt hatte, und sie ihrerseits brauchte vier Papierservietten. Und dann waren da noch Absätze festzukleben, Deodorants wurden ausgeliehen, das Mundwasser war fast leer, und auch der Hustensaft ging bedrohlich zur

Neige, bei diesem Regenwetter hatten viele einen wunden Hals.

Vater warf Hartvig zwei Toilettenpapierrollen rüber.

«Bring die bei den Herren rein», sagte er.

Und Hartvig kroch unter der Klappe hindurch, boxte sich seinen Weg frei und kam mit heiler Haut in der Herrentoilette an. Dort gab es zwei Kabinen, und bei beiden standen die Türen offen. Es roch sauer und scharf, schlimmer als alle Schuhe zusammen, und in der einen Kabine hatte auch noch einer vergessen zu spülen, auf dem Boden lagen eine zerbrochene Flasche, Blut und drei Kippen. Hartvig hielt sich fest die Nase zu und legte die Papierrollen hin, und da sah er, daß ganz hinten an der Rinne zwei Männer standen. Der eine war Robert, und der andere hatte eine rote Jacke an, die in der Taille zu eng war, das war der Sänger von *The Heartbeats*. Sie pißten lange. Sie stöhnten und pißten weiter.

«Als ich zum Ball lief, wußte ich, daß etwas Riesiges passieren würde», sagte Robert. «Etwas Riesiges. Ich wußte es einfach. Das war eine Eingebung.»

«Was für ein Ball?» fragte der Sänger.

Robert spritzte in alle Richtungen, bis er wieder die Orientierung bekam.

«Was für ein Ball? Mit dem ich gegens Inland den Treffer gelandet habe! Von der Mittellinie und dann direkt ins Tor! Scheiße, jetzt habe ich mir auch noch auf die Schuhe gepißt.»

Der Sänger konzentrierte sich auf seine Sachen, rollte mit den Hüften und stöhnte noch einmal zufrieden.

«Wißt ihr, was Abrahamsen uns gesagt hat?» fragte er schließlich.

Robert mochte nicht antworten. Seine Knie knackten leise.

«Spielt nicht so laut, hat Abrahamsen uns gesagt. Könnt ihr nicht eine Oktave leiser spielen.»

Der Sänger lachte laut und mußte sich mit einer Hand an der Wand festhalten.

Robert schüttelte lange und knöpfte sich dann zu.

«Ja, und? Könnt ihr denn nicht einfach eine Oktave leiser spielen, ihr schwedischen Teufel?»

Hartvig sah zu, daß er hinauskam, und kroch zurück zur Garderobe, wo Vater Inventur im Sicherungskasten machte. Kurz darauf kam auch der Sänger, während Robert mit umherirrendem Blick wieder in den Tanzsaal fegte.

«Hustensaft», sagte der Sänger. «Ich habe Halsschmerzen.»

Vater goß etwas in eine Tasse und gab sie dem Sänger, der alles auf einen Schluck trank und dann lange mit offenem Mund den Kopf schüttelte.

«Das bringt's!» sagte er. «Jetzt kann ich besser singen! Was bin ich schuldig?»

Vater beugte sich zu ihm vor.

«Nichts. Wenn du mir nur einen Gefallen tun würdest?»

«Und welchen?»

«Könnt ihr um Viertel vor eins *Tenk om hele verden sang i kor* spielen?»

«Dann schließen wir damit ab. Astrein!»

Der Sänger schüttelte Vater die Hand und bahnte sich seinen Weg zur Bühne, wo sie bald mit *Lilla søta Frøken Fräken* anfingen, und der Boden dröhnte, daß sich fast das Parkett löste und geschichtet an der Wand aufstapelte.

Hartvig zog Vater zu sich.

«Bist du sicher, daß das Schweden sind?» fragte er.

Vater warf ihm einen schnellen Blick zu.

«Ob ich sicher bin? Natürlich sind das Schweden! Das steht doch auf den Plakaten. *The Heartbeats* aus Kiruna.»

«Bevor sie angefangen haben, haben sie auf der Bühne norwegisch geredet.»

«Das kommt nur, weil sie schon so lange auf Tournee in Norwegen sind.»

Vater wurde plötzlich eifrig.

«Hast du das zweite Gebot vergessen, Hartvig?»

«Nein, Vater.»

«Doch, anscheinend doch. Daß du nicht neugierig sein sollst! Außerdem darfst du nicht alles glauben, was du hörst. Hörst du?»

Hartvig nickte, so stark er konnte.

«Aber die spielen ganz schön», sagte er. «Dafür, daß sie Schweden sind.»

Vater lief in der Garderobe eine Runde herum und setzte sich zwischen die Ständer.

«Hierher, Hartvig! Jetzt will ich dir was zeigen.»

Hartvig setzte sich neben ihn. Vater zeigte auf ein

Paar Überschuhe mit schiefen Absätzen und kaputtem Reißverschluß.

«Das sind die vom Studienrat. Für Mathematik. Er läuft meistens in Gedanken versunken herum, wie du sehen kannst. Und diese Galoschen hier, die gehören dem pensionierten Uhrmacher an der Seeseite. Das kann man schon von weitem sehen, nicht wahr. Zuverlässig wie eine Standuhr. Und was glaubst du, von wem sind die hier?»

Vater hielt ein Paar riesige Wanderstiefel hoch.

«Auf jeden Fall nicht von Abrahamsen.»

Vater lachte.

«Da kannst du sicher sein. Die gehören nämlich Einar vom Gabelstapler. Sicherheitsarbeitsschuhe nennt man die. Und hier haben wir Sigvalds Paar. Er hat gerade vom Krabbenfänger abgemustert.»

Vater stellte zwei schmale, weiße Lederschuhe an ihren Platz und holte knielange, rosa Stiefel mit Plateausohle hervor.

«Und was meinst du, wer trägt so was?»

«Doch nicht Edel aus der Milchbar, oder?»

«Natürlich», sagte Vater. «Natürlich sind das Edels! Du hast es begriffen, Hartvig. Daß die Schuhe alles erzählen, nicht wahr. Schuhe lügen nie. Schuhe erzählen alles von dem, der seine Füße in sie gesteckt hat.»

Hartvig hob vorsichtig die lackierten Stiefeletten mit der Schnürung ganz oben hoch.

«Und diese hier?»

Vater nahm sie ihm aus der Hand.

«Das sind echte Pumps», sagte er leise. «Und die sind so modern, daß sie noch gar nicht ganz hierhergekommen sind, Hartvig.»

«Findest du sie schöner als Mutters?»

Vater dachte lange darüber nach.

«Nein, das würde ich nicht sagen. Jedem nach seinem Geschmack.»

Da hörten sie plötzlich jemanden über dem Tresen lachen. Sie drehten sich beide um und sahen direkt in die Augen von Miriam von der Post. Ihr Gesicht glänzte, und sie balancierte eine Zigarette zwischen Daumen und Zeigefinger. Ihr Mund hing schief zwischen den Lippen.

«Nur Kerle heute abend, die du vergessen kannst», sagte Miriam.

«Man muß nehmen, was man kriegt», murmelte Vater.

Er stellte ihre Stiefeletten an ihren Platz zurück und behielt die Hände auf dem Rücken, während er aufstand. Hartvig tat es ihm nach.

Miriam lachte wieder.

«Das konnte ich noch nie. Das nehmen, was man kriegt. Außerdem heißen die nicht Pumps.»

Vater mußte sich räuspern.

«Was heißt nicht wie?»

«Die Stiefeletten, du Dummkopf. Das hier sind Pumps, Jungs!»

Sie legte einen Fuß auf den Tresen, einen ausgeschnittenen, schmalen Schuh.

«Willst du mit mir tanzen, Willy?»

Vater kratzte sich an beiden Schläfen.

«Leider tanze ich nicht in der Arbeitszeit.»

Miriam ließ den Fuß wieder auf den Boden gleiten und drückte gleichzeitig ihre Zigarette aus.

«Was machst du eigentlich während der Arbeitszeit?»

Hartvig hätte sich gewünscht, sein Vater würde antworten, daß er auf der Brücke bleiben muß, bis sie sicher im Hafen des Sonntags angekommen waren.

«Es taucht immer irgendwas auf», sagte er leise.

«Und jetzt bin ich aufgetaucht. Kann nicht der Junge solange auf das Schiff aufpassen?»

Vater wurde rot vom Hemdkragen aufwärts. Er glühte, drehte sich langsam, als hätte er Angst, seekrank zu werden.

«Ist das in Ordnung, Hartvig? Daß ich mir einen kleinen Tanz mit den Passagieren erlaube?»

Hartvig nickte kurz.

«Natürlich.»

Vater beugte sich hinab, um die Schnürbänder fester zu binden, während er hektisch flüsterte.

«Es *ist* anstrengend, Hartvig. Nicht nur, wenn die Leute kommen und gehen.»

Dann richtete er sich auf, fuhr sich mit dem Kamm durchs Haar, verschloß den Sicherungskasten und schlug Hartvig auf die Schulter.

«Bin bald zurück! Und laß niemanden auf die Brücke, solange ich weg bin!»

Vater lachte und folgte Miriam in den Tanzsaal, oder

vielleicht zog sie ihn auch hinter sich her, und dort verschwanden sie. *The Heartbeats* spielten *O sole mio* auf englisch. Hartvig konnte Gelächter hören, Gläser, die aneinanderschlugen, Namen, die gerufen wurden, er meinte mehrmals auch Vaters Namen zu hören, Willy, Willy. *O sole mio* war schnell zu Ende, und die nächste Melodie war langsamer als der Mond. Vater kam nicht zurück. Hartvig schaute auf die vielen Schuhe, sie standen so still da, als warteten sie nur brav darauf, gehen zu dürfen. Er war überzeugt davon, daß die Schuhe sich langweilten. Es hatte immer noch nicht aufgehört zu regnen.

Dann kam Robert statt dessen.

«Mein Mantel», sagte er nur.

«Ich brauche erst den Garderobenschein», sagte Hartvig.

Robert streckte seinen ganzen Kopf über den Tresen in die Garderobe.

«Aber da hängt er doch! Ganz außen! Mit Reflexstreifen drauf! Nun gib ihn mir schon!»

«Den Garderobenschein», sagte Hartvig.

«Scheiße, du bist genau wie dein Vater!»

Robert suchte in allen Taschen, die er am Leib hatte, und fand schließlich im Hemd ein Stück grünes Papier mit einer *60* darauf. Das warf er auf den Tresen, und Hartvig untersuchte die Zahl gewissenhaft, verglich sie mit seinen eigenen Nummern, kam zu dem Schluß, daß alles in Ordnung war, und überreichte den Mantel mit einer Verbeugung.

«Brauchst du auch deine Stollen?» fragte er.

«Ach, halt die Klappe!»

Robert hatte einen Flachmann im Mantel, drehte den Verschluß ab und trank heimlich, bis nichts mehr rauszuholen war und seine Augen aussahen wie zwei Schwimmer an einem Treibnetz, die jedem zeigen sollten, wo sich sein Kopf befand. Dann warf er seinen Mantel über den Tresen und bekam langsam einen anderen Gesichtsausdruck, sanft und traurig wurde er, sein Mund zerfloß in verschiedenen Arten des Lächelns in alle Richtungen.

«Keine will mit mir tanzen», sagte Robert. «Warum will keine mit mir tanzen?»

Hartvig legte die Hände auf den Rücken.

«Weil du keine Seele hast», sagte er.

Robert hätte fast seine eigene Zunge verschluckt und mußte sie wieder hervorhusten.

«Was hast du gesagt? Seele?»

«Ich meine Stil», sagte Hartvig schnell.

Robert schmiß die leere Flasche durch die Tür hinaus und zeigte mit einem blauen Fingernagel auf Hartvig.

«Dann grüß mal deine Mutter, du!»

Er steuerte schräg den Tanzsaal an, ging fast auf dem Seitenleder. Doch bevor es soweit war, drehte er sich noch einmal um und zeigte mit dem gleichen Nagel auf Hartvig.

«Und deinen Vater! Der war nur Reserve, dein Vater! Vergiß das nicht, nur Reserve!»

Und Robert verschwand in der Musik.

Hartvig hängte den Mantel wieder auf und wartete. Er und die Schuhe warteten. Hartvig ungeduldig. Die Musik hörte nicht auf. Er ging zur Haustür, um sie zu schließen. Jemand lachte im Regen. Andere weinten dort draußen im Regen. Es war bereits so dunkel, wie es nur werden konnte. Die Glühbirnen um den Türrahmen waren ausgeschaltet, oder sie waren zerbrochen. Er konnte niemanden sehen. Hartvig fror. Aber da hörte er plötzlich etwas anderes, die guten Laute, er hörte sie unten am Ufer, nicht weit entfernt, wie Silberklänge, und fast wurde er froh. Der Austernfischer war gekommen. Der Frühling war gekommen. Lange blieb er so stehen und lauschte, bis die Vögel die Musik hinter ihm übertönten. Dann ließ er die Haustür doch offen stehen und ging statt dessen in den Tanzsaal.

Auf der Türschwelle blieb Hartvig stehen.

The Heartbeats spielten immer noch langsamer als der Mond, und der Sänger hatte das ganze Mikrophon im Mund, und die Knöpfe an seiner Jacke hatten sich gelöst und hingen wie eine dünne Nabelschnur, die abzuschneiden jemand aus irgendeinem Grund vergessen hatte. Die Luft war zu sehen, anzufassen, einzusaugen und auszuspucken. Sie waberte durch den Raum, ein blauer Nebel, fast wie Schaum, eingeschmiert mit Lippenstift, Tabak und Schweiß. Abrahamsen stand auf einem Hocker am Bierausschank und notierte etwas in ein Heft, während er den Saal beobachtete, und alle tanzten ohne ein Geräusch, und die, die nicht tanzten, hielten die Wände umklammert. Die Köpfe saßen schief auf den Körpern, und die Körper hingen schräg zum Boden herab, und wer Hartvig entdeckte, lächelte von Ohr zu Ohr, als wäre sein Gesicht plötzlich in der Mitte durchgehackt worden, oder er drehte sich schnell weg, und jemand streichelte ihm sogar die Wange, als sie alle wie leise Schatten an ihm vorbeiglitten und etwas sagten, was er doch nicht verstand. Und schließlich entdeckte Hartvig Vater. Er hielt Miriam mit festem Griff dicht an seinen Körper gepreßt, nicht einmal für eine Serviette war noch Platz zwischen ihnen, seine Augen waren geschlossen und fast angeschwollen, und seine Hand purzelte ihren Rücken hinunter. Er schwitzte schlimmer als je, es lief ein dicker, schwarzer Streifen von jedem Ohr hinunter, als würde er schmelzen, und jemand in seiner Nähe kicherte. Da kam Abrahamsen durch den Saal heran und schob die Leute zur Seite, und es schien, als hätte er etwas gesehen, was ihm nicht gefiel, und er kam auf Vater zu, der nichts anderes als Miriams glänzende Schulter und ihren Hals sehen konnte, und das auch nur mit Mühe. Hartvig vergaß den Frühling, den er vor kurzem unten am Ufer gehört hatte, und bekam plötzlich Angst. Aber er wußte nicht so recht, wovor er am meisten Angst hatte, daß Vater vielleicht hinausgeworfen würde oder daß herauskommen würde, daß er sich jeden Samstag Schuhcreme ins Haar schmierte. Hartvig zog sich rückwärts zur Garderobe zurück, dort war sein Platz, in der Garderobe, und *The Heartbeats* konnten nicht mehr lange so langsam spielen, das war unmöglich. Jemand legte eine schwere Hand auf Hartvigs Schulter, er drehte sich schnell um und sah in das Gesicht von Olga, der Turnlehrerin in der Volksschule, die sich über ihn beugte und im Laufe der letzten Stunden alles, was Schminke hieß, verloren hatte. Es tropfte immer noch aus ihrer Frisur.

«Sag deinem Vater, daß keine Seife mehr auf der Damentoilette ist», flüsterte sie und ging wieder in den Regen hinaus.

Und dann mußte Hartvig doch wieder dorthin zurück, in den Tanzsaal. Er machte sich kleiner, als er war, kroch unter Armen und Ellbogen hindurch und gelangte zur Mitte der Tanzfläche, wo sich Vater an Miriam klammerte, und in dem Moment hörte die Musik auf, aber niemand klatschte, denn von der anderen Seite näherte sich Abrahamsen, und hinter Miriam stand Robert ohne Stollen, alle Finger um eine dampfende Kaffeetasse gewickelt.

Plötzlich war es vollkommen still.

Hartvig zog energisch an Vaters Jacke, und erst jetzt sah dieser ihn an. Vater ließ Miriam los, schob sie von sich und hob schnell beide Hände zum Gesicht hoch.

«In der Damentoilette ist keine Seife mehr», flüsterte Hartvig.

Da war Abrahamsen auch schon zur Stelle.

«Probleme?» fragte er und sah Willy an.

Vater zog ein Taschentuch heraus und wischte sich die schwarzen Streifen von den Wangen ab, lächelte dabei so breit er konnte.

«Miriam Gullholm hatte ihren Garderobenschein

vergessen, und jetzt ist er abgeliefert», sagte er. «Alles in Ordnung.»

Vater faltete das Taschentuch zusammen, und Miriam befeuchtete ihren Zeigefinger ein wenig mit Spucke und vertrieb damit die letzten Flecken aus seinem Gesicht.

«Und ich suche einfach nur Männer, mit denen ich tanzen kann», sagte sie laut.

Sie sah Abrahamsen an, der sich ihr zuwandte, und sie leckte sich schnell über die Lippen. Da riß er sich zusammen und machte eine steife Verbeugung mit dem Oberkörper.

«Darf ich bitten?» fragte Abrahamsen.

«Man muß nehmen, was da ist.»

Damit drehte sich Miriam statt dessen zu Robert um und ließ Abrahamsen einfach stehen, Robert fiel die Kaffeetasse zu Boden, und *The Heartbeats* begannen mit dem *Midnattstango*. Da zog Vater Hartvig mit sich zurück zur Garderobe. Dort öffnete er den Sicherungskasten, legte sich die Hand auf die Stirn und blieb eine Weile so stehen, als suche er nach etwas, das er einfach nicht finden konnte. Die Türen zu den Toiletten knallten, Hartvig meinte Miriams Schatten zu sehen, und der Tango erklang immer noch, schneller und schneller. Endlich fiel Vater ein, was er machen wollte, er beugte sich zu Hartvig hinunter und gab ihm zwei rosa, ovale Seifenstücke.

«Beeil dich, damit die Damen nicht sauer auf uns werden.»

Hartvig sah die Seifenstücke an. Hartvig sah Vater an.

«Kann nicht eine der Damen die einfach mitnehmen?»

Vater verschränkte die Arme und schüttelte den Kopf.

«Heute abend haben die Damen frei, Hartvig. Nun beeil dich schon.»

Hartvig zögerte immer noch.

«Kannst du sie nicht reinlegen?» fragte er vorsichtig.

Vater lachte herzlich.

«Ich? Ja, das würde noch fehlen. Nun hör mal, Hartvig. Du klopfst an die Tür, gehst schnell hinein, schließt die Tür ordentlich hinter dir, schaust weder nach rechts noch nach links, nur geradeaus, verstehst du, nur geradeaus! Dann legst du die Seifenstücke einfach aufs Waschbecken und gehst genauso wieder hinaus. Das ist doch nicht schwierig, Hartvig.»

Aber Hartvig blieb mit den ovalen, rosa Seifenstücken in der Hand stehen. Vater überlegte, zog ihn zu sich heran und flüsterte, während er die Klappe öffnete:

«Im Frauenklo sind nur Kabinen.»

Und Hartvig trat langsam aus der Garderobe, ging durch den Vorraum, bis er zur Tür mit *Damen* kam. Dort blieb er stehen. Er klopfte. Niemand antwortete. Er wartete. Vater sagte etwas, aber Hartvig hörte nicht zu. Er klopfte noch einmal an, und wieder antwortete niemand, vielleicht waren ja gar keine Damen auf dem Klo. Vater seufzte laut, und dann öffnete Hartvig die Tür mit *Damen* darauf und machte einen großen Schritt über die Schwelle, und in dem Moment glitt die Tür hinter ihm ins Schloß.

Es war ganz hell dort drinnen, fast weiß, und es roch gut, nicht so wie bei den Herren, eher nach Parfum und Dessert. An der Wand hing ein Krug mit großen gelben Blumen und grünen Blättern. Auf dem Boden waren Kacheln und keine Glasscherben. Hartvig fürchtete sich nicht mehr. Die Kabinen waren links, drei Stück. Er wollte sich gerade hinhocken und unter den Türen hindurchgucken, aber da fiel ihm das zweite Gebot der Garderobenwacht ein. Ihm fiel ein, was Vater gesagt hatte, und er stand schnell wieder auf, schwindlig und beschämt, und starrte direkt vor sich hin, auf das hellblaue Waschbecken, er ging darauf zu, mit einer rosa, ovalen Seife in jeder Hand, ohne irgendwo anders hinzugukken, nur geradeaus, auf das Waschbecken, den glänzenden Wasserhahn und den Spiegel zu, in dem er sich selbst immer näher kommen sah.

Da hörte Hartvig plötzlich jemanden reden, und er blieb zwischen zwei Schritten stehen.

«Er kann einem ja leid tun.»

Und aus der Kabine daneben drang eine andere Stimme.

«Wen meinst du? Willy oder den Jungen?»

Und diejenige, die zuerst geredet hatte, antwortete aus ihrer Kabine:

«Eigentlich beide. Aber vor allem der Junge.»

«Ja, es ist auf jeden Fall Hartvig, für den es am schlimmsten ist. Willy kann sich bei sich selbst bedanken. Du weißt schon, was ich damit meine?»

«Und ob ich das weiß!»

Hartvig bewegte sich nicht und hielt den Atem an. Er wollte nicht mehr zuhören, konnte es aber auch nicht sein lassen. Das Gespräch da drinnen war noch nicht zu Ende.

«Stimmt es, daß er Schuhcreme im Haar hat?»

«Ja, das stimmt wirklich! Als ob man mit einem alten Schuhputzlappen tanzt! Zuerst habe ich gedacht, er hätte mit Schnupftabak herumgeschmiert, aber es war schwarze Schuhcreme aus dem Konsum. Er ist tierisch.»

«Er ist ein Angeberschwanz!»

Die beiden lachten laut in ihren Kabinen. Hartvig hörte das Lachen. Er hörte, wie es plätscherte, Papier knisterte, als sie an der Rolle zogen, und er rührte sich nicht vom Fleck, konnte es einfach nicht. Es wurde still, aber die Stimmen waren immer noch da.

«Ich hätte auch gern jemanden, mit dem ich von hier abhauen könnte.»

«Wie wär's mit Robert?»

Die andere schrie wieder vor Lachen auf.

«Robert! Dann gehe ich doch lieber gleich nach Hause und lecke eine Briefmarke!»

Sie lachten jetzt noch lauter, und es folgten mehrere Geräusche, die Hartvig sich nicht vorstellen mochte. Sie ermahnten einander, leiser zu sein, und die Seifenstücke in seinen Händen waren glatt und rutschig. Er hätte niemals hier sein sollen.

Dann wurde es stiller in den Kabinen.

«Sie wird kommen und ihn zu sich holen. Wenn es was auf Dauer ist.»

«Auf Dauer, ja. Das ist es garantiert. Sie hatte drei Koffer mit auf der Fähre.»

Die andere flüsterte jetzt.

«Weißt du noch mehr?»

«Ich kann dir nur sagen, daß ein Brief gekommen ist. Aber Willys Ehering sitzt ja noch ziemlich fest.»

«Vielleicht ist ja nur sein Finger in letzter Zeit zu dick geworden.»

«Das wird es sein. Willys Finger sind einfach zu wurstig.»

Und während sie beide da drinnen lachten, stellte Hartvig endlich seinen Fuß auf den Boden, rannte zum Spiegel, legte die Seifenstücke aufs Waschbecken, lief hinaus und warf die Tür hinter sich mit einem Knall zu. Sofort blieb er stehen. *The Heartbeats* waren gerade mit einem Lied fertig, und Hartvig meinte, die Orgel zu hören, nur die Orgel, das schwere Dröhnen der Orgel, das durch die Räume floß wie eine schwere blaue Pumpe. Vater hatte die Ellbogen auf den Tresen gestützt und den Kopf in die Hände gelegt. Er unterhielt sich mit Robert auf der anderen Seite, und ab und zu tranken beide aus ihren Kaffeetassen. Hartvig hatte das Gebot der Garderobenwacht vergessen. Nun war es zu spät. Er hatte alle Gebote verletzt. Vaters Mund bewegte sich.

«Ein Leben nach dem Tod? Nein, ehrlich, das weiß ich nicht, Robert. Schwer zu sagen.»

Robert war wortkarg und langsam.

«Das überlege ich ja gerade», sagte er. «Wenn es ein Leben nach dem Tode gibt. Wo bleibt man dann mit allen. Da kommt doch reichlich was zusammen. Überleg doch mal.»

«Es kommen ja nicht alle in den Himmel», entgegnete Vater.

«Aber trotzdem. Für wie viele kann da eigentlich Platz sein?»

Hartvig ging langsam näher heran.

«Da ist sicher für so viele Platz, wie Platz ist», meinte Vater. «Genau wie hier in der Garderobe. Hier ist nicht mehr Platz, als Garderobenscheine da sind.»

Robert lachte kurz auf.

«Willst du jetzt auch noch die Garderobe mit dem Himmel vergleichen?»

Vater antwortete nicht, zuckte nur mit den Achseln und trank von seinem Kaffee. Robert sah über die Schulter und entdeckte Hartvig.

«Und habe ich vielleicht keinen Stil? Ich meine, keine Seele, Hartvig?»

Hartvig mochte das nicht hören, und Robert wandte sich wieder Willy zu, der in die Tassen nachgoß.

«Weißt du, was ich glaube?» fragte Robert. «Ich glaube, der Himmel ist ein riesiges Stadion. Und da gibt es zwei Mannschaften, die gegeneinander spielen, und der Rest muß auf den Tribünen sitzen. Und ich, Robert Joakimsen, werde natürlich das Siegestor schießen.»

Vater rührte langsam mit dem Finger im Kaffee und mußte lächeln.

«Was für Mannschaften spielen denn im Himmel gegeneinander, Robert?»

«Was für Mannschaften?»

«Ich dachte nämlich, daß alle, die in den Himmel kommen, gleich sind.»

Vater steckte den Finger in den Mund und saugte lange daran.

«Das ist nur ein Freundschaftsspiel», sagte Robert schließlich.

«Ach so.»

Vater warf Hartvig einen schnellen Blick zu und zwinkerte mit einem Auge.

«Wie spät ist es, Robert?» fragte er dann.

Robert streckte seinen Arm aus.

«Viertel vor eins.»

Und genau da begannen *The Heartbeats* zu spielen. Sie spielten *Tänk om hela världen sjöng i kor*, während sie dazu mehrstimmig sangen. Robert strahlte über das ganze Gesicht und hastete quer durch den Raum in den Tanzsaal, als würde er sich drippelnd durch das größte Menschenknäuel im Himmel seinen Weg bahnen.

Vater öffnete die Luke im Tresen.

«Das letzte Stück, Hartvig. Jetzt kommt's drauf an.»

Hartvig ging an ihm vorbei und setzte sich auf den Hocker zwischen den Kleiderständern und den Schuhen. Vater legte die Luke wieder ordentlich an ihren Platz und drehte sich zu ihm um.

«Was ist los mit dir? Grüßt du nicht einmal den Kapitän?»

Hartvig sah woanders hin.

Vater lachte plötzlich.

«Und ich dachte schon, du hättest dich da häuslich niedergelassen. Bei den Damen.»

Und in dem Augenblick kamen die Damen aus der Toilette heraus. Es waren Miriam und Edel, sie kamen Arm in Arm, kichernd und auf unsicheren Füßen. Vater beugte sich über den Tresen.

«Alles in Ordnung bei den Damen?» fragte er.

Miriam und Edel nickten mehrmals und glucksten mit geschlossenem Mund. Sie waren kaum zu stoppen.

«Gut!» erklärte Vater. «Denn Hartvig war grad drinnen bei euch mit neuer Seife. Rosa und oval! Nur daß ihr das wißt.»

Miriam ließ Edel los und wurde ganz welk im Gesicht, als hätte jemand bei ihr einfach die Luft rausgelassen.

«Hartvig? War Hartvig eben im Frauenklo?»

Vater zeigte mit der ganzen Hand auf seinen Sohn.

«Das war er. Was würden wir ohne Hartvig machen? Nicht wahr, Hartvig?»

Aber Hartvig antwortete nicht, und Miriam war jetzt auch verstummt. Sie schaute woanders hin, während Edel sich auf ihren Taschenspiegel konzentrierte, eine Haarsträhne lag nicht, wie sie sollte, und dann beeilten sie sich, zum Gemeinschaftssingen, den Groschen und den Wanddekorationen hineinzukommen.

Vater starrte ihnen lange nach, drehte sich wieder zu Hartvig um, mit verwundertem Blick, wollte etwas sagen, zögerte dann aber, holte statt dessen tief Luft und versuchte, Hartvigs Blick einzufangen, aber dieser starrte die ganze Zeit vor sich hin. Vater öffnete weit seinen Mund und schien in sich zusammenzusinken.

«Jetzt legen wir bald am Kai an», sagte er, leise und anders als sonst. «Ich gebe dir die Garderobenscheine, und du gibst mir die Schuhe mit den entsprechenden Nummern. Bist du bereit, Hartvig?»

Vater räumte die Kaffeetassen und die Thermoskanne beiseite, wischte mit einem Tuch über den Tresen und holte das Geldkästchen heraus. Sein Rücken war gebeugt. Hartvig sah das, den krummen Rücken, als wäre der Schlips das einzige, was ihn noch aufrecht hielt. Er sah den schmutzigen Hemdkragen, den Saum in der Jacke, der sich ganz oben gelöst hatte, den Strumpf am linken Fuß, der heruntergerutscht war, und das dünne, weiße Bein, an einigen Stellen fast blau, das zum Vorschein kam. Die Haare, die in dicken Büscheln über den Ohren hingen, einen dunklen Schatten auf jeder Wange, den er nicht ganz wegbekommen hatte, und den Ehering, der sich in die Haut des Fingers einschnitt, fast unsichtbar war er, zwischen den Fettringen, als wüchse das Fleisch über den Ring. Er sah aus wie ein zu enges Gummiband um eine weiße, wäßrige Wurst. Er war ein Angeber, häßlich und einfach lächerlich.

Und aus dem Tanzsaal konnten sie den heiseren, wilden Jubel hören, als einige den letzten Refrain mitsangen.

«Ja», sagte Hartvig. «Ich bin bereit.»

Vater sah ihn schnell an und lächelte. Er richtete sich

auf, lächelte noch einmal, klatschte in die Hände und rieb sie fest aneinander.

«Gut, Hartvig.»

Vater öffnete den Geldkasten, ordnete die Münzen und pfiff bei der Arbeit, und während er so dastand, fast wieder aufrecht, mit dem Rücken zu Hartvig, vertauschte dieser alle Nummernzettel. Er begann mit Miriams Schnürstiefeletten, machte weiter mit Edels, und als *Tenk om hele verden sang i kor* da drinnen zu Ende war und Abrahamsen versuchte, den Gewinner der Lotterie zu finden, der Landstads überarbeitetes Gesangsbuch und ein Kilo Kaffee gewonnen hatte, gab es keinen einzigen Nummernzettel mehr, der im richtigen Schuh lag.

«Jetzt kommen sie!» rief Vater. «Sie kommen!»

Und sie kamen, sie schoben einander durch die Türöffnung, als hätten sie es alle ungemein eilig, hinauszukommen, obwohl es regnete und die meisten am liebsten noch geblieben wären. Sie überschwemmten die Garderobe alle auf einmal. Vater hakte den Riegel an der Luke ein und stand bereit, und in dem, was ganz und gar nicht wie eine Schlange aussah, stand Sigvald, der gerade abgemustert hatte, an erster Stelle, mit Olga im Arm. Er donnerte Nummer *18* und *23* auf den Tresen.

«Beeil dich», sagte er.

«Nummer *18* und *23*!» wiederholte Vater.

Dann gab er die Zettel Hartvig hinunter und bekam sofort zwei Paar Schuhe, die er vor sich auf den Tresen stellte und kontrollierte, ob die Zahlen stimmten. Sie stimmten. Es waren ein Paar abgelaufene Überschuhe und grüne Gummistiefel mit hohen Reflektorstreifen und Schnürbändern.

«Bitte schön», sagte Vater.

Sigvald sah ihn lange an.

«Das sind nicht meine», sagte Sigvald. «Bist du bescheuert?»

Olga drohte mit der Faust.

«Und auch nicht meine!»

«O doch», widersprach Vater. «Die Nummernzettel stimmen. Und dann stimmen auch die Schuhe. Der nächste bitte!»

Jetzt packte Sigvald Willy am Schlips und zog ihn näher heran.

«Glaubst du, daß ich in Überschuhen zum Tanzen gehe? Glaubst du das?»

«Die Nummernzettel stimmen überein. Bitte laß mich los.»

Sigvald ließ ihn los und schlug statt dessen mit der Faust auf die Luke.

«Meine Schuhe stehen direkt hinter dir! Jetzt gib sie mir endlich, verdammt noch mal!»

Vater bekam einen unruhigen Blick. Seine Augen flackerten, sie zitterten. Zweifel überkam ihn.

«Bist du sicher, daß du nicht vielleicht den Loszettel mit dem Garderobenschein verwechselt hast?» fragte er.

Jetzt lachte Sigvald laut auf.

«Loszettel! Denkst du, ich kaufe an einem Samstagabend ein Los, um ein Gesangbuch zu gewinnen? Jetzt gib mir meine Schuhe!»

Vater mußte tief Luft holen und sich bedenken. Olga stand auf Zehenspitzen und war ganz dicht an seinem Gesicht.

«Und wenn *ich* zum Tanzen gehe, ziehe ich immer meine schwarzen Patentlederstiefeletten an! Auch wenn es regnet!»

So langsam dämmerte es Vater. Er drehte sich zu Hartvig um.

«Was ist hier los?» fragte er leise.

Aber da wurde die Menge unruhig. Walter von der Stallaufsicht und der Studienrat für Mathematik bahnten sich ihren Weg und griffen sich jeweils ihr Paar Überschuhe und Gummistiefel. Vater warf sich wieder über den Tresen.

«Die Nummernzettel!» rief er. «Die Nummernzettel!»

Sie warfen ihm zwei Papierkügelchen zu, Vater breitete sie auseinander, es waren Nummer *9* und *16*. Er begann jetzt ernsthaft ins Schwitzen zu kommen.

«Das ist nur ein kleines Mißverständnis», sagte er und wischte sich das Gesicht ab. «Nur ein kleines Mißverständnis.»

Aber Sigvald, der gerade an Land gegangen war, konnte nicht länger warten. Er sprang über die Luke, schnappte sich die weißen Lederschuhe mit den braunen Schnürbändern und Olgas Patentlederstiefeletten mit Ripsbandschleife und nahm den gleichen Weg wieder zurück.

«Noch einen schönen Abend, Willy», sagte er. «Man kann nicht immer gewinnen.»

Jetzt wurde die Menge noch unruhiger. Vater rannte hin und her, wußte aber nicht, wo er anfangen sollte. Er lief am Tresen auf und ab, Einar vom Gabelstapler gab ihm seinen Zettel, die *21*, Vater reichte ihn weiter an Hartvig und bekam Miriams schwarzlackierte Schnürstiefeletten zurück.

Vater sah sich den Nummernzettel an. Er stimmte. Er sah Einar an. Er sah die Stiefeletten an. Das stimmte nicht. Überhaupt nichts stimmte. Etwas war ganz und gar falsch.

Vater versuchte, die Fassung zu bewahren.

«Und du hast natürlich auch kein Los gekauft?»

Einar sah ihn nur an.

«Ich glaube, ich bin in Wanderstiefeln hergekommen», sagte er.

«Und dann sollst du natürlich nicht in Damenschuhen nach Hause gehen!»

Vater streckte beide Arme in die Luft.

«Alles in bester Ordnung!» rief er. «In allerbester Ordnung! Keine Panik. Es ist nur Hartvigs erster Abend hier.»

Jemand hinten an der Tür unterbrach ihn. Es war Abrahamsen. Er hielt ein Gesangsbuch in den Händen.

«Schiebst du die Schuld auf den Jungen?» fragte er.

Es wurde ganz still. Vater schaute sich um.

«Nein», flüsterte er. «Es stimmt nur irgend etwas mit den Nummern nicht.»

Jetzt war die Menge nicht nur unruhig, sie war auch noch gereizt. Alle kamen näher, ihre Nummernzettel in den erhobenen Händen, und als der pensionierte Uhrmacher von der Meeresseite nicht seine Galoschen bekam, sondern statt dessen Edels knielange rosa Lederstiefel, lief das Faß über.

«Wo sind meine Stollen!» schrie Robert.

Und damit gingen sie zum Angriff über. Vater versuchte sie zurückzuhalten, das war Meuterei, er verteidigte seine Garderobe mit beiden Händen, aber es war nutzlos. Die Schlacht war bereits verloren. Er gab auf, lehnte sich müde an den Sicherungskasten und ließ alles geschehen. Jemand bekam die Klappe auf, andere kletterten direkt über den Tresen. Sie krochen umeinander auf dem Boden herum und suchten nach den richtigen Schuhen. Sie rissen Mäntel und Regenschirme herunter, es gab ein Handgemenge und Geschrei. Es hätte nicht viel gefehlt, und Blut wäre geflossen, und viele mußten in dieser Nacht in verschiedenen Schuhen nach Hause gehen. Hartvig stand mit dem Rücken zur Wand in der Ecke, und mitten in dem Durcheinander begegnete er Vaters Blick. Sie sahen einander an, und dann hob Vater auch noch seinen Arm wie zu einer Art Gruß und nickte mehrmals mit traurigem Gesicht. Dann ging er. Er ging einfach. Er stieß die grünen Nummernzettel, die um ihn herumlagen, mit dem Fuß weg und verließ seine Garderobe, an der Luke vorbei, die aus den Scharnieren gerissen war, und da stand Abrahamsen und nahm ihn in Empfang.

«Na, das ist ja nett hier», sagte er. «Bist du betrunken?»

«Nicht mehr.»

Vater schob Abrahamsen zur Seite und ging weiter

hinaus in die feuchte Nacht. Abrahamsen drohte ihm mit der Faust.

«Du hast deine letzten Schuhe gesehen, Wilhelm Nikolaisen!»

Dann ging er zu den Musikern hinein, um ihnen ihr Honorar auszuzahlen, und sie verließen den Festsaal durch den Hinterausgang mit all ihren Instrumenten und den Plakaten mit dem Foto von *The Heartbeats* aus Kiruna.

Hartvig blieb in der Ecke stehen. Er wußte, was er getan hatte, aber er wußte nicht, was er tun sollte. Und als die Schlacht vorbei war, blieben vier Einlegesohlen zurück, sieben Absätze, drei Stollen und Miriams linker Schnürschuh.

Es war so still.

Hartvig steckte die Gummistiefel ins Netz und ging hinaus. Es hatte aufgehört zu regnen. Die Wolken verzogen sich. Es war fast Morgen. Das Gras auf dem alten Fußballfeld zitterte. Da sah Hartvig seinen Vater. Er saß auf einem Stein am Felsufer. Hartvig ging langsam zu ihm hin. Vater hielt eine Muschel in der Hand, die er plötzlich losließ. Das Wasser spülte über seine Füße. Er zog sie nicht zurück. Er ließ sie einfach überspülen. Hartvig legte ihm eine Hand auf die Schulter.

Vater wartete eine Weile. Dann zeigte er auf die Austernfischer, die in einer Schar daherspazierten und mit ihren roten, dünnen Schnäbeln in den Sand pickten.

«Guck mal!»

«Ich hab sie heute nacht gehört», sagte Hartvig.

«Die sind früh, meinst du nicht auch?»

«Ich glaube, letztes Jahr sind sie zur gleichen Zeit gekommen.»

Dann gingen sie nach Hause, den gleichen Weg, den sie gekommen waren, und sie gingen langsam, denn sie hatten es nicht eilig. Sie schlossen auf, und Hartvig half Vater ins Bett, zog ihm die nassen Schuhe aus.

«Ich bin ein bißchen müde, weißt du», sagte Vater.

Hartvig nickte zustimmend.

»Es ist am schlimmsten, wenn sie gehen», sagte er.

Anschließend stand er in der Küche. Er zerriß die Serviette mit der Nachricht für Mutter, warf sie in den Mülleimer und räumte ihre Tasse und ihr Besteck weg.

Hartvig schaute aus dem Fenster. Die Sonne ging über den Bergen auf und ließ die Pfützen auf der Straße glänzen. Dann setzte er Kaffee auf und ging wieder zu Vater hinein.